SEXOTERAPIA

ANA CANOSA
com Juliana Mendonça

SEXOTERAPIA

Desejos, Conflitos, Novos Caminhos em Histórias Reais

Ilustrações
Melissa Gomes Baltazar

ALTA BOOKS
GRUPO EDITORIAL
Rio de Janeiro, 2019

Sexoterapia: desejos, conflitos, novos caminhos em histórias reais
Copyright © 2019 da Starlin Alta Editora e Consultoria Eireli.
ISBN: 978-85-508-1142-0

Publisher: Eliana Michaelichen
Direção executiva: Alexandra de Paula Eduardo
Coordenação editorial: Manoel Lauand
Projeto gráfico: Gabriela Guenther | Estúdio Sambaqui
Ilustrações: Melissa Gomes Baltazar
Aprovações: Leu Siquara
Jurídico: Pedro Fida
Imprensa: Cíntia Araium
Produção Editorial: Emb Editora Master Books Ltda. - CNPJ 10.986.668/0001-03

Todos os direitos estão reservados e protegidos por Lei. Nenhuma parte deste livro, sem autorização prévia por escrito da editora, poderá ser reproduzida ou transmitida. A violação dos Direitos Autorais é crime estabelecido na Lei nº 9.610/98 e com punição de acordo com o artigo 184 do Código Penal.

Erratas e arquivos de apoio: No site da editora relatamos, com a devida correção, qualquer erro encontrado em nossos livros, bem como disponibilizamos arquivos de apoio se aplicáveis à obra em questão.

Acesse o site www.altabooks.com.br e procure pelo título do livro desejado para ter acesso às erratas, aos arquivos de apoio e/ou a outros conteúdos aplicáveis à obra.

Suporte Técnico: A obra é comercializada na forma em que está, sem direito a suporte técnico ou orientação pessoal/exclusiva ao leitor.

DADOS INTERNACIONAIS DE CATALOGAÇÃO NA PUBLICAÇÃO (CIP)

Canosa, Ana
 Sexoterapia : desejos, conflitos, novos caminhos em histórias reais / Ana Canosa com Juliana Cunha. -- 1. ed. -- Rio de Janeiro : Alta Books, 2019.

 ISBN 978-85-508-1142-0

 1. Comportamento 2. Crônicas 3. Disfunção sexual 4. Relacionamentos 5. Sexo (Psicologia) 6. Sexologia 7. Sexualidade I. Cunha, Juliana. II. Título.

17-11109   CDD-155.3

Índices para catálogo sistemático:
1. Sexualidade : Psicologia 155.3

Rua Viúva Cláudio, 291 — Bairro Industrial do Jacaré
CEP: 20.970-031 — Rio de Janeiro (RJ)
Tels.: (21) 3278-8069 / 3278-8419
www.altabooks.com.br — altabooks@altabooks.com.br
www.facebook.com/altabooks — www.instagram.com/altabooks

ASSOCIADO

*Luis Carlos Gatto, Yvone Cruzes Duarte
e Sônia Daud, meus psicólogos do coração,
dedico este livro a vocês.*

ÍNDICE

Apresentação	9
Parte 1: Anseios, Vivências e Expressões do Amor	13
Travada na cama	17
O pai de muitos	25
Seu passado não a condena	33
O ex da rua de cima	41
Mulher de uma aventura só	51
Mas com o meu amante...	59
O prazer da aceitação	65
Parte 2: Inadequações e Disfunções Sexuais	75
Tamanho P	79
Uma cortina, um clitóris e uma cestinha de pães	85
Ela se negou para mim	91
E você termina sozinho	101
Ela era o pinto da mãe	109
Cruzando a linha do trem	121
Espelho meu	129
Pantufas da monogamia	135
Agradecimentos	141

APRESENTAÇÃO

Sente e pegue um café, que lá vem história.

Este livro, explicitando casos reais de consultório, começou a ser idealizado em dezembro de 2016 em uma conversa animada sobre sexo na festa de fim de ano "da firma". Sim, sexo sempre foi tema de interesse nacional e já estou mais do que acostumada (e vacinada) com o fato de ser sexóloga e enveredar o assunto para essa área.

Veja bem, eu me especializei em sexualidade há 22 anos. Fiz duas especializações em uma época no qual a sexologia começou a tomar corpo no Brasil. Em comparação aos dias de hoje, em que há uma profusão de profissionais, dos que estudam e se especializam aos que usam a experiência sexual como régua para o aconselhamento, eu já fui motivo de espanto, curiosidade e ponto de referência em muitas rodinhas durante eventos sociais. O fato de ser sexóloga e psicóloga junta a fome e a vontade de comer.

É importante salientar que o tema sexualidade envolve muito mais elementos do que pênis, vagina, bunda e penetração. Nós somos, afinal, seres sexuais, do nascimento à morte, mesmo que não pratiquemos sexo. A sexualidade é dimensão constitutiva da pessoa, ela é energia que motiva, que busca a satisfação e que nos move para o encontro do outro. Sexualidade é sexo, mas também é identidade, desejo, impulso e afeto. Quando se é psicólogo, portanto, a sexualidade está sob lentes de aumento, já que nosso ofício inclui compreender o ser humano em sua inteireza, sua intimidade, suas várias dimensões.

Nesses 28 anos como psicóloga, embora tenha realizado tantas outras atividades, seja em sala de aula ou na televisão, nunca me afastei da clínica. Sempre achei que uma atividade alimentava e completava a outra.

Pela minha característica comunicadora, não era possível me limitar ao trabalho solitário de consultório; por outro lado, foi através da experiência íntima com o humano material que pude traduzir teorias em realidade, seja em sala de aula, na escrita de um texto, artigo ou capítulo de livro, seja na adaptação de tudo isso para a televisão.

De qualquer modo, escrever uma história completa, com todas as suas nuances, é muito mais complexo do que escrever um texto para uma coluna de revista, inspirada por uma ou outra história de consultório. No meu trabalho, já acompanhei vários pacientes, alguns por bastante tempo. Então precisei fazer um recorte, focar na queixa sexual, traçar considerações. E, acima de tudo, manter a ética do sigilo profissional.

Depois que aceitei o desafio, com a ousadia que me é peculiar, passei a refletir várias questões: diante da quantidade de pessoas que tive o privilégio de acompanhar durante todos esses anos, quais casos escolher? Bastaria mudar o nome ou as características dos pacientes para manter suas identidades em sigilo? Como eles se sentiriam ao ter parte de sua intimidade partilhada? Como leriam suas histórias, sob a minha perspectiva?

Como não é comum encontrar livros de psicologia especificamente de casos clínicos, voltados para a população geral (e não especificamente para profissionais), eu e minha editora precisamos trilhar um longo caminho antes de seguirmos em frente com a ideia. Consultei o Conselho Federal de Psicologia para verificar quais os cuidados éticos necessários. Passei, portanto, a entrar em contato com alguns pacientes, muitos antigos, explicando o projeto e pedindo autorização prévia. A proposta era que eles tivessem acesso pleno ao texto finalizado, para que pudessem comprovar que suas características foram alteradas. Após essa etapa, solicitamos uma autorização por escrito a cada um. E assim foi feito. Todas as histórias publicadas neste livro foram expressamente autorizadas.

Esse processo todo me rendeu reencontros com pacientes que fazia muitos anos que não via. Foram momentos de grande alegria, principalmente quando a vida se encaminhou de maneira positiva. Mas, igualmente, tivemos momentos difíceis, como no caso do paciente que não gostava nem de lembrar de uma parte de sua história, tamanho fora seu sofrimento, ou do outro que continua vivendo com sua queixa principal. Teve também aquele que não concordou com parte do texto, pois tinha outra percepção de seu processo. Eu posso dizer que, no fim, a maioria se sentiu lisonjeada pela possibilidade de servir ao mundo, e foi bem interessante fazer um registro de uma fase de suas vidas.

Tenho uma enorme gratidão por esses pacientes generosos, que nos deram seus casos e processos terapêuticos de presente. Que transformam suas dores em possíveis ferramentas para aqueles que os lerão nestas páginas.

E é por isso que as histórias, transformadas em contos, servirão a todos, principalmente aos não profissionais da nossa área. Não é um livro técnico nem didático, mas um trabalho que serve à reflexão e que pode ajudar muitas pessoas a buscar caminhos para queixas semelhantes. Com narrativas curtas, onde o necessário foi só uma orientação, e outras mais longas, nas quais o sintoma sexual encobria complexidades emocionais, o comportamento sexual vai se revelando complexo, intenso e particular.

Neste livro, você vai encontrar diversos conflitos sexuais. Alguns são disfunções sexuais, ou seja, dificuldades e alterações no ciclo da resposta sexual, quando a função sexual está comprometida (como problemas de desejo, excitação, orgasmo); outros são oriundos de um sentimento de inadequação sexual, quando a pessoa acredita que seu corpo, ou sua vida sexual, não está "adequada". Mas também tem, e muito, problemas afetivos e de relacionamento, onde foi necessário ampliar o trabalho para além das técnicas focais da terapia sexual.

Aproveite. Não é sempre que a vida nos proporciona uma imensidão dessa natureza.

Ana Canosa

PARTE 1

ANSEIOS, VIVÊNCIAS E EXPRESSÕES DO AMOR

A sexualidade é parte inerente à vida humana. O nosso sexo biológico é apenas uma das características que compõem a identidade sexual, que terá influência de outras dimensões fundamentais de nossa vida. É a partir da esfera psicológica que desenvolveremos nossos afetos, a maneira de nos relacionarmos com as pessoas, de nos sentirmos homens, mulheres, entre outras identidades de gênero. É na relação com a sociedade que formaremos valores, crenças, e que vamos conferir significado ao nosso corpo e maneiras de expressá-lo. Além disso, há também a orientação sexual que é a direção para a qual o interesse afetivo-sexual se destina, podendo ser assexual (pessoas que não sentem desejo pelo envolvimento sexual com outros), heterossexual, homossexual, bissexual ou pansexual (indivíduos que têm atração sexual por todos os gêneros).

Toda essa interligação de fatores vai nos conferindo uma singularidade. Você pode se identificar com questões de várias outras pessoas, mas seus conflitos, suas descobertas e vivências, sonhos e desejos são únicos. A história afetivo-sexual de cada um de nós nos lança em aventuras particulares; ora difíceis, ora deliciosas.

A motivação para o viver está intrinsicamente ligada a sexualidade. É a experiência de prazer que gravará nossas memórias de satisfação corporal. Uma vivência dolorosa poderá interferir na abertura para o amor, assim como os afetos podem nos deixar vulneráveis. A necessidade de conexão afetiva nos lança à intimidade, uma palavra frequentemente usada, mas com significado profundo, difícil de descrever.

A satisfação sexual, também um termo muito subjetivo, pois tem conexão com a experiência e a avaliação de cada pessoa, nos moverá para a busca de prazer e nos coloca em estado de negociação com o(s) outro(s), quando estamos em uma relação. Um forte componente da satisfação sexual está na capacidade de aliar anseios corporais aos emocionais, sendo as fantasias sexuais talvez a sua maior expressão. Fantasias sexuais são vestimentas imagéticas do desejo: cenas, recortes, imagens, órgãos, cenários, intenções. Algumas são mais facilmente divididas com o(a) parceiro(a), outras incompreendidas; como diz o rabino Nilton Bonder,[1] o grande desafio do homem é mediar transgressão e tradição. Colocar fantasias sexuais em prática pode reforçar uma conexão entre o casal, como também pode gerar desconfiança e desamor.

Para além de toda a troca de experiência afetiva e sexual que uma pessoa pode usufruir ao longo da vida com

---

[1] Bonder, Nilton. *A alma imoral*. Rio de Janeiro: Rocco, 1998.

seus parceiros, o desejo é um alimento fundamental para o psiquismo. Ele nos impulsiona a criar, sonhar, realizar. É o *desejar* que nos motiva a levantar todos os dias e enfrentar as dificuldades da vida, um pequeno verbo com amplitude sem igual. Pois podemos desejar várias coisas, sendo as da esfera sexual somente uma porção do todo. E é também ele, o desejo, que nos transborda, que nos mete em enrascadas, que nos confunde e que muitas vezes nos é ausente.

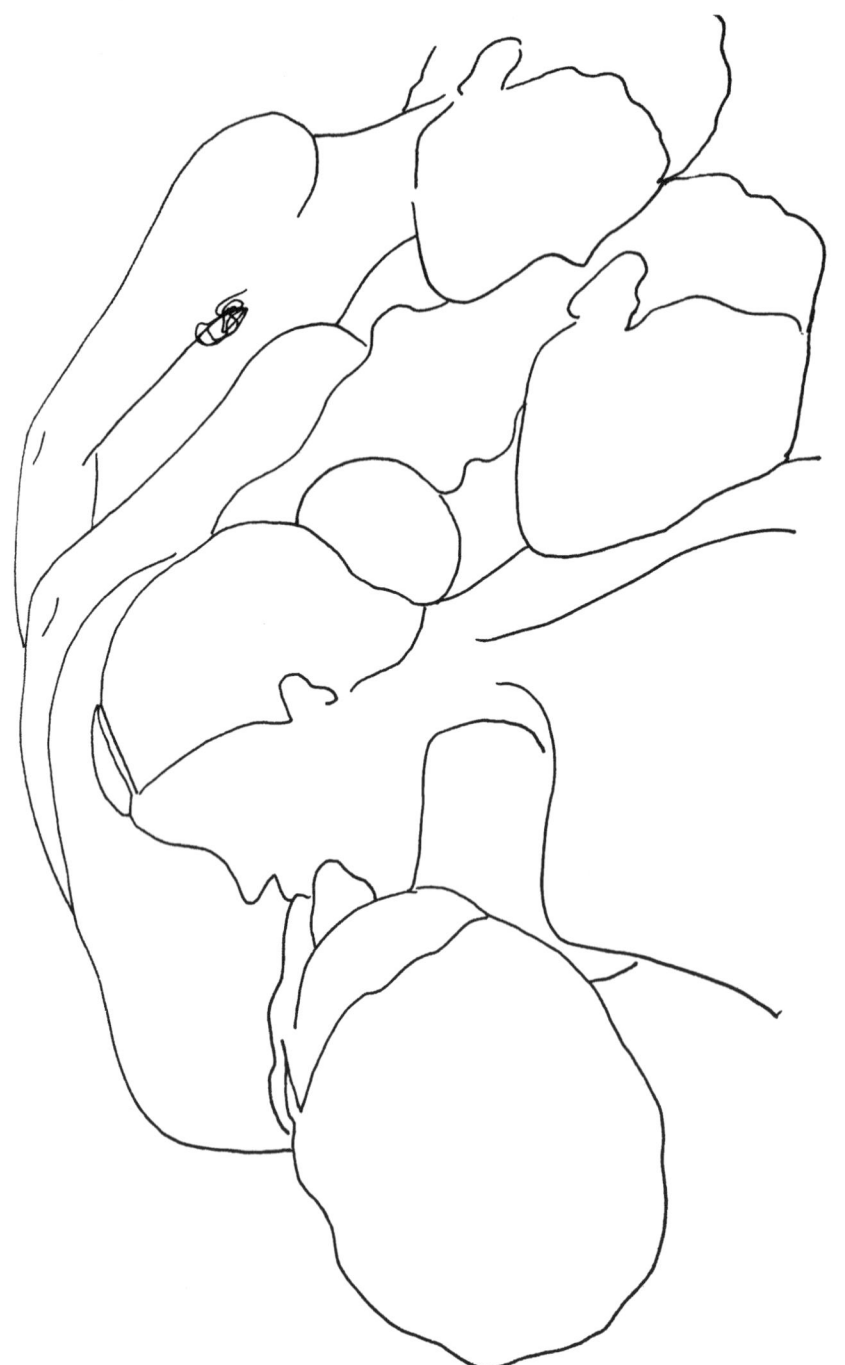

TRAVADA NA CAMA

Eles eram o casal vinte da escola. Os dois eram lindos, divertidos e inteligentes. Não chegaram a ser primeiros namorados, um do outro, mas eram os primeiros que importavam. As famílias se gostavam, os amigos eram os mesmos, o Natal era combinado, roteiro de filme.

Quando estavam na faculdade, ele foi passar um semestre fora em intercâmbio e se envolveu com outra. Foi aquele drama de sempre quando ela descobriu, porém, exponencial, pela juventude e pela falta de experiência de ambos. Terminaram o namoro à distância, e o semestre fora se transformou em sete anos inteiros separados.

Nesse meio tempo, ele tem vários amores de verão enquanto viaja pelos Estados Unidos. Engata um namoro, engravida a namorada americana e acaba se casando por lá. Já ela dá seus pulos. Se forma, sai com várias pessoas, até que conhece um cara lindo que a fazia se sentir única. Não se apaixona de novo, mas tampouco sente saudades do ex.

Isso até ele voltar, anos mais tarde, já divorciado, e começar a tentar aproximações. Primeiro como amigo. Apela para o passado em comum, para o afeto entre as famílias.

Tática ou não, fato é que aquelas coisas eram verdadeiras. Eles realmente tinham uma história legal. Não era de ontem que as famílias conviviam. Ela baixa a guarda para a amizade, mas ele logo declara que quer mais. Não quer sequer namorar, por ele é casamento direto. Diz que está decidido e que os anos de separação o ajudaram a aquilatar melhor o que eles tinham.

De fato, se apaixonar por alguém que tem valores parecidos com os nossos, química e que está disponível em todas as acepções do termo é uma combinação especial que muita gente deixa passar por bobagem. Agora, embora pai de um garoto de três anos que ficou morando com a mãe, ele estava ali, "soltinho da silva". Ela baixou a guarda de vez. Colocou a traição de outrora na conta de uma imaturidade passada e resolveu voltar com o ex, para a alegria geral de todos que os conheciam.

Esse retorno, no entanto, não se dá sem sequelas. Ela volta um pouco receosa com ele. Julgando-se com menos recursos para lidar com o ciúme, para fazê-lo aquietar. Era aquele típico caso, onde temos, de um lado, alguém inseguro, com medo do fracasso, sentindo-se ameaçado diante de qualquer insatisfação do outro; enquanto isso, do lado oposto, temos uma pessoa tranquila, segura demais do seu lugar.

Ele, que já era bonito e interessante, havia ganhado confiança nessa estadia internacional. Além disso, sempre foi uma pessoa que gostava de seduzir, assim, por diletantismo. Aquele tipo que está sempre abrindo um sorriso, fazendo uma voz mais tenra para a atendente, para a médica, para quem passar pela frente dele. Não era uma questão de ser canalha, mas de curtir o jogo recreativo da sedução. Mais um *modus operandi* dele, do que, realmente, um desejo de se envolver.

Poderia ser o caso de um relacionamento abusivo. Um cara confiante demais com uma garota que teme perdê-lo. Ele, com certeza, tinha uma tendência à manipulação, mas o que eu gosto dessa história é como ela mostra que tendência não é sentença e que uma pessoa pode pender para uma característica, digamos, menos nobre, e dizer, opa, não é desse jeito que eu quero ser, não é assim que quero agir com quem está comigo.

Antes de me procurar, os dois já tinham feito uma terapia de casal na qual havia ficado claro que ele tinha essa tendência à manipulação, uma tendência que se manifestava basicamente em alimentar inseguranças dela para que ela cedesse às vontades dele. Se os dois tinham um impasse, por exemplo, sobre onde iriam morar, ele começava a nutrir nela o medo de perdê-lo, de modo que ela logo aderia à posição dele. Não é, obviamente, uma característica a ser louvada, mas ele reconhecia a atitude errada, se desculpava, e buscava se controlar.

No sexo, algo semelhante se manifestava. Diante de qualquer negativa dela vinha o parecer técnico: você é travada na cama. Isso foi minando a confiança dessa mulher, que parou de ouvir os próprios desejos, uma vez que estava sempre avaliando esses desejos, achando-os aquém. E aquém do quê?, é a pergunta. De um ideal de mulher fatal que o marido tinha na cabeça, da mulher que topava tudo.

O que é ser travada na cama? Para mim, é alguém que tem dificuldade em dar vazão ao próprio desejo. Que quer fazer determinadas coisas e não consegue, ou não se permite. Topar algo a pedido do outro é legítimo. Em uma relação, tem que haver negociação e é positivo ceder ao desejo do outro. Mas você precisa ter clareza de que aquilo é o desejo do outro e que você pode decidir se vai experimentar, ver se aquilo te agrada ou, pelo menos, não te incomoda.

Não dá para medir o seu desejo com a régua da expectativa alheia e ficar se achando "travada na cama" apenas por não achar graça em algo que ele considera o máximo. No entanto, vários homens usam essa cartada de dizer que a mulher é travada. E elas compram o diagnóstico.

Foi justamente o que aconteceu com ela. Vestiu a carapuça de travada na cama e passou a questionar a própria liberdade sexual. Na longa lista de requisitos do parceiro para não ser travada, constava ali uma troca de casais. Ela não tinha a menor vontade, mas esse assunto rondava as conversas há anos e ela já havia prometido que quando encontrassem um casal atraente o bastante, poderiam tentar.

Agora, vamos lá, vou descrevê-la: sobre práticas sexuais, ela não era, assim, tão óbvia. Curtia também brincar com vibradores, topava jogos sedutores em ambientes públicos, gostava de se vestir de modo provocante, não tinha nojos, e nunca emudecia quando ele disparava enredos repletos de sacanagem. Gostava de sexo. Mas isso não bastava para ele.

O sonho-mor dele era levá-la a uma festa de *swing* de uma comunidade internacional de luxo que promove encontros similares aos do filme *De Olhos Bem Fechados*. Para isso, seleciona casais bonitos, faz questionários imensos e marca eventos em castelos, navios, uma coisa bem cinematográfica. Frequentemente ele pesquisava eventos dessa natureza na internet.

Foi então que se deparou com a notícia de um conhecido festival de arte, música e liberdade, também conhecido pela prática do "amor livre", e começou a campanha dentro de casa.

Passaram parte de uma sessão descrevendo uma tal de *Barraca da Orgia*. Eu passei a investigar a legitimidade daquele desejo, e todas as possibilidades que a concretização de uma fantasia sexual podem ocorrer no relacionamento de um casal. Sem julgamento moral, minha maior preocupação era que, embora se sentisse excitada com a possibilidade, da fantasia para a concretização há um caminho que ela não estava segura em seguir. Mas se deixou convencer pelo marido, depois dos acordos que fizeram: ela não permitia que ele sequer beijasse alguém, mas ele se dava por satisfeito de vê-la na "pegação", caso ela se sentisse com vontade. Fazia parte da negociação darem um *stop*, assim que qualquer um dos dois se sentisse desconfortável.

Fizeram as malas e seguiram rumo à aventura sexual. Com a luz amarela da intuição ligada, de quem costuma acompanhar processos assim, eu me limitei a torcer para que as coisas não desandassem entre eles.

No dia da festa, me contaria a moça mais tarde, ela se arruma toda. Coloca uma roupa esvoaçante, cheia de fendas e decotes. Põe cílios postiços, se diverte um pouco com o jogo da preparação. Quando chegam ao local, logo percebem que o evento era uma versão atualizada de Woodstock, com mais arte, menos roupa e com todos os perfis da diversidade sexual possíveis. Mais curiosa do que excitada, ela passava os olhos como se estivesse diante de algumas obras de Dalí.

Depois de algumas horas em que exploraram o espaço, dançaram um pouco a céu aberto e testemunharam cenas de sexo bem animadas, ela sinaliza para o marido que já estava bom. Os dois já estavam suficientemente conectados com o tema *sexo* e, por vezes, ela se sentia a adolescente animada dos anos iniciais. Queria voltar para o hotel e transar com o marido, como se o tivesse conhecido naquele dia. Mas não pensem que ele ia deixar passar em branco a tal *Barraca da Orgia*...

Se o clima geral era *De Olhos Bem Fechados*, na tal barraca o ambiente era mais explícito, chegando a beirar, e ultrapassar, o vulgar. Fantasias baratas e obscenas, tudo um bocado clichê, flertando com a sensualidade, mas se refestelando na baixaria. Era o sonho de um adolescente fã de pornô, executado com o esmero de um trabalho de feira de ciências. Os dois acharam graça da situação, mas, enquanto ela enxergou pela óptica do humor da cena, ele ficou notavelmente excitado.

Percebendo um casal que havia entrado no mesmo momento, ele logo engatou uma conversa que, em questão de minutos, virou um convite formal para sexo grupal. Nos pufes espalhados pela barraca, casais, trios, quartetos, quintetos, sextetos e grupos amorfos se conjugavam livremente. Na lona em volta, fendas exibiam pintos e bundas que se ofereciam sem nome nem rosto.

Os quatro seguem para um canto minimamente reservado e lá começam a se olhar e se tocar. Para ela, que não tinha a menor atração por mulheres, a cena já havia passado do limite. Já o marido, estava com tesão enorme por causa da situação e por ver a mulher dele sendo desejada por outras pessoas. Ela pede para ir embora, ele continua insistindo. Aliás, o problema era sempre esse: ele nunca se dava por satisfeito. Nesse momento, o acordo que tinham estava sendo rompido por ele.

Mesmo contrariada, ela faz um esforço para participar do jogo. Os quatro bebem, fazem piada, vão se soltando um pouco e terminam numa piscina de bolinhas onde rola um amasso geral. Um pouco a contragosto, ela deixa a nova amiga beijá-la e tocá-la, enquanto o parceiro da amiga a masturba. O marido fica muito excitado com a cena e decide extravasar isso... bem, penetrando a outra.

Provavelmente, deve ter sido o coito mais rápido da história. Assim que ela notou o que estava acontecendo, começou a chorar e fugiu. O choque de realidade a fez sair da festa, fazer as malas e pegar o avião no dia seguinte. Acabou com a brincadeira de uma vez. A partir daí, ela resolve colocar o marido na parede: eu sou assim, meus desejos são esses, meus limites são esses. Se você quer uma mulher que transe no lustre, procure outra.

A essa altura, a gente já havia desmontado na terapia o jogo de validação que ele usava para legitimar o próprio desejo, induzindo que qualquer frustração ao desejo dele fosse uma falha dela. Gosto de pensar que é esse o grande objetivo da terapia: dar ao paciente instrumentos para lidar com os problemas. A terapia não resolve, elucida; não faz desaparecer, acomoda. Ela lapida ferramentas. Quem encostou o marido na parede e jogou a real foi ela. Juntos, nós apenas evidenciamos e refletimos sobre coisas que estavam ali encobertas.

Depois desse xeque-mate, o cara tomou um chá de realidade. Percebeu a quantidade de coisas que a mulher dele topava na cama, a frequência sexual acima da média que eles tinham e o quanto era descabido chamá-la de travada. Decidiu que ficariam juntos e que baixaria a bola. A primeira cláusula do contrato de permanência foi: *ménage à trois*, troca de casal, nem pensar.

No lugar do *swing*, ela apresentou uma alternativa: e se de vez em quando fingíssemos ser outras pessoas? Essa foi uma fantasia compartilhada que ambos gostaram. Vez ou outra, saiam para uma festa e fingiam que tinham acabado de se conhecer. Criavam outros nomes, uma mentira completa. Quando ela contou isso para uma colega de trabalho, a mulher ficou espantada com o quanto ela era saidinha e pediu que desse dicas para todas. Vejam só: a travada, que nunca foi realmente travada, estava dando *workshop* de "destravamento".

Não posso dizer que, a partir de então, ele deixou de ser 100% manipulador e todos viveram felizes para sempre. Teve um episódio recente, por exemplo, em que a pressionou para que fossem conhecer aquela tal festa de luxo de troca de casais. Mas não sem antes se manter um pouco distante, meio calado, para ativar nela fantasias de insegurança. Porém, agora, vacinada, ela tem a *expertise* para lidar com a situação e nem se dá ao trabalho de ficar ansiosa ou irritada. Quer uma mulher que transe no lustre? Procure outra.

O PAI DE MUITOS

Eu quero que você pense num rapaz tímido. Em um tímido de filme. Daqueles que têm dificuldade para ir ao parque dar uma volta. Pois me chega esse rapaz ao consultório, aos 37 anos. Com uma autoestima aos frangalhos. Apaixonado pela mulher mais atraente e popular do trabalho, para quem ele não conseguia dirigir a palavra. Não tinha um amigo mais próximo, muito menos namorada. A vida desse rapaz era da casa para o trabalho, do trabalho para casa. No fim de semana, quando muito, visitava a mãe, que morava no interior.

Da primeira vez que ele sentou no sofá do meu consultório, eu senti medo. Ele não conseguia falar. Não conseguia me encarar nos olhos. Ele tremia, não apenas as mãos, mas o corpo inteiro. Queixa de disfunção sexual, não havia nenhuma. O que ele não conseguia era chegar perto de uma mulher. Qualquer mulher o intimidava. A atendente do banco, a estagiária da firma onde ele trabalhava. O que mais esse rapaz queria era ter uma companheira, possibilidade essa que ele achava quase impossível. Sua solidão era imensa e doía fundo. Quase chegando aos quarenta anos sem superar esses medos, sentia que suas chances minguavam a cada dia.

Filho único de uma mãe autoritária e superprotetora, meu paciente teve uma infância de poucos amigos, mas também de poucos momentos de solidão. O pai, alcoólatra, após a separação do casal, tornou-se uma figura bastante distante. A mãe, por sua vez, trabalhava fora, mas voltava toda sua energia para o filho. Ela se ocupava desse filho quase o tempo inteiro. Ele era o presente da mãe, o movimento da mãe, o desejo da mãe, era tudo para ela. A relação era tão simbiótica que a mãe respondia por ele. Sabe quando alguém pergunta à criança "o que você quer comer?", e a mãe responde "ah, ele quer isso"? Pois então, ela agia dessa forma até hoje, mesmo com o filho adulto. Ele era, em suma, completamente abduzido por essa mãe. Um menino tímido por essência com uma mãe assim é juntar a fome com a vontade de comer.

Eu sei que muitas pessoas reviram os olhos diante da ideia de que a infância forma nossa essência, de que muitos de nossos problemas presentes remontam a carências e questões de nossos pais, das pessoas que nos criaram. Mas na experiência do consultório, o que observamos, caso após caso, é como essas faltas e crenças vão influenciando a construção da personalidade das crianças. Como a criança pode ser um grande receptáculo de carências.

Meu paciente cresceu tendo uma admiração enorme por essa mãe. Socialmente, ela não tinha muita expressão. Para ele, no entanto, era uma figura de grande poder e fascínio, e também de repulsa. Porque ele intuía que para ter uma individualidade era preciso se descolar dessa mãe que o abduzia, que o fundia à sua própria personalidade.

Sozinho, aos trancos e barrancos, ele conseguiu fazer essa separação. Conseguiu deixar a casa dela no interior e se mudar para São Paulo. Arranjou um emprego, um apartamento. Em alguma época morou na casa emprestada por uma tia, na qual ele fazia questão de pagar o aluguel, mas que era recusado a todo custo. De algum modo, conseguiu construir uma vida independente da mãe. Para dar o passo seguinte, no entanto, sentiu que precisaria de ajuda. E foi onde eu entrei.

Não é nada fácil para um paciente assim buscar psicoterapia, quanto mais terapia sexual, e os próprios critérios que ele usou para me escolher já dizem bastante sobre seu caso. Fez várias pesquisas pela internet e me achou. Na época — isso faz uns dez anos —, eu já tinha percorrido uma carreira importante. Na cabeça dele, eu era *A* terapeuta fodona, e foi atrás disso que ele veio, de uma nova figura feminina de poder. Porque um homem assim é atraído *e* amedrontado pelo poder feminino. Ele idolatra a mãe e precisa quebrar o ídolo para seguir com a própria vida. Parte da dificuldade em ter uma namorada era isso: o medo de ter uma namorada, de misturar-se a outra mulher e perder a individualidade que batalhou tanto para conquistar. Intimidade e invasão caminhavam de mãos dadas na percepção inconsciente dele. Era quase um trauma.

O começo do nosso trabalho não foi nada fácil. Minha primeira reação foi de medo daquele cara que gaguejava, tremia, falava de modo tão desarticulado. Como terapeuta, eu passei anos treinando meu olhar para decodificar as pessoas. A fala, os gestos, a postura. De repente me chega essa pessoa que entrega tão pouco de si, que parece tão indisponível. Para você ter uma ideia, eu só marcava as sessões dele para os horários em que minha secretária estivesse ali comigo.

Já para ele, só de estar no consultório, diante de mim, era um sufoco no começo. Mas foi dessa relação, com uma inicial e desconcertante tensão, que conseguimos construir um processo muito bonito. Do medo, eu passei a conhecê-lo profundamente. Da intimidação, ele passou a conseguir se abrir para uma mulher, a encará-la, expor o que ele sentia.

Ele treinou comigo o que precisava praticar fora do consultório. Me tirar do pedestal, me enxergar como um ser humano que ele não conhecia, conseguir contestar ou aceitar coisas que eu dizia. É um processo muito delicado porque o terapeuta precisa, ao mesmo tempo, ter muita proximidade e empatia pelas questões do paciente, e a capacidade de se colocar à margem, de não se misturar àquelas emoções

Por ter passado tanto tempo sozinho, com pouca interação social, ele não desenvolveu habilidades importantes para o manejo da vida afetiva adulta. Me descrevia sonhos muito intensos, fortes, agressivos, devoradores. O estado de sofrimento era manifestado no tremor do corpo, a energia que ele não conseguia domar. Descarregava parte da tensão sexual através da masturbação e era um consumidor assíduo de material pornográfico pela internet.

Essa apreensão que ele me suscitava, essa sensação de indisponibilidade, me ajudava a entender a impressão que ele devia causar nas outras pessoas. Claro que muitas vezes eu posso ser pega por uma história pessoal minha. O paciente pode despertar em mim uma emoção que tem a ver com a minha relação com o meu marido, com o meu pai — situações que só tem a ver comigo —, e isso é perigoso, pode me fazer trazer para a terapia dele coisas que não dizem respeito a ele. Mas quando o terapeuta se conhece bem e está em constante processo pessoal, essas emoções ficam mais claras e ajudam no processo. Esse é um dos grandes desafios da profissão.

Em determinado ponto da psicoterapia, ele resolver fazer um "curso intensivo de adolescência", nas palavras dele. Frequentou pela primeira vez uma legítima e despudorada "casa de massagem". Matriculou-se num curso de dança, noutro de bateria, foi aprender a lutar Aikido e estava disposto a flertar. Claro que nada disso foi simples. Quando começamos a paquerar lá pelos 14, 15 anos, somos um fracasso social, mas todo mundo é um fracasso social. Ele estava começando com quase 40 anos. Todos os códigos, os macetes, as estratégias que uma pessoa costuma levar toda a adolescência e começo da vida adulta desenvolvendo, ele não tinha. Estava sempre atento aos seus passos e gestos, com as mulheres, pensando em como poderia agradar. Mas não sabia ainda se expor de maneira adulta. Se uma mulher se aproximava, ele dava um jeito de afastá-la, falando alguma besteira pueril. Continuava a nutrir o amor platônico pela beldade do escritório, um tipo de comportamento masoquista, que não iria levá-lo a lugar algum.

Por uns dois anos, simbolicamente, eu fui a irmã que ele não teve, a mãe que precisava desconstruir, a namorada almejada, a professora que ele nunca conseguiu contestar. Ao fim desse período — nosso trabalho ainda duraria mais seis meses —, era outra pessoa. Ele já não tremia diante de mim. Já falava com mulheres no trabalho, na rua. Conseguiu até abordar a sua paixão platônica, usando uma desculpa esfarrapada, para enfim concretizar o que ele já sabia: ela não estava interessada nele. Passou pela sua primeira grande dor de cotovelo, mas foi capaz de lidar com a frustração, embora tenha também aumentado a sua percepção de que seria impossível ter alguém, criar intimidade, ser descoberto na sua inteireza.

Um detalhe desse processo que é bastante curioso — e é também um dos motivos pelos quais eu lembro desse caso com muito afeto e consideração — é que, quando estávamos justamente nesse processo de perder o medo das mulheres, de entender que era possível se relacionar com alguém sem entrar em uma nova simbiose, e ao mesmo tempo reafirmar e fortalecer a sua identidade "no mundo" (e não só na relação afetiva-sexual), esse paciente vira para mim e diz: "virei doador de sêmen". Você já conheceu algum? Pois é, até aquele momento eu também não.

Foi a um centro de doação, fez todos os exames, viu que os espermatozoides dele eram saudáveis, que tinham motilidade, e decidiu ser doador. Para ele isso funcionava como uma maneira de se "redimir", já que ele sentia que "usava" as pessoas na medida em que consumia pornografia. Era, nas palavras dele, um "devedor" no campo sexual, um egoísta que se satisfazia e não dava nada para ninguém. Estava ali, criada mais uma categoria de sexo responsável (não é exatamente o que se entende por, mas no sentido subjetivo). Fazer sexo de maneira responsável pode ser mais do que só usar preservativo, cuidar de si e do outro, negociar prazeres, não é mesmo?

Eu tenho também outra leitura desse momento, com a qual ele não concorda (espero que ele ria quando ler esta parte). Talvez houvesse uma fantasia de que poderia ter alguns filhos espalhados pelo mundo; de que ele, tão tímido e tão solitário, estava provando sua virilidade, e que isso o fortalecia como homem. Claro que havia também uma generosidade linda naquele ato. Na mesma época se cadastrou como doador de medula. Era um homem se fazendo importante para o mundo.

Não é que estivesse criando na mente um devaneio: ele não esperava encontrar um traço seu nos bebês que via na rua. Sabia que ter espermatozoides saudáveis não provava absolutamente nada. Mas essa é uma história bonita porque mostra como os caminhos emocionais vão substituindo as coisas concretas na vida da gente. Como uma fantasia, no caso dele, a de ser pai de alguns, pode servir como uma ponte para uma transformação na vida do indivíduo. (A essa altura, ele deve estar revirando os olhos e balançando a cabeça em negativa.) Demonstra como nós todos projetamos nas coisas, muitas vezes em coisas abstratas, a substituição das nossas carências.

Agora que esse moço já conseguia conversar com uma mulher e que já "era pai", ele podia parar de nutrir idealizações. Estava mais aberto, contribuindo de várias maneiras, fazendo a sua parte na reciprocidade que toda relação necessita. Parou de fixar-se no tema "impressionar alguém", decidiu não almejar aquilo que se mostrava como improvável e receber o que chegasse com menos defesas. Foi aí que as mulheres começaram a se aproximar dele e ele foi vivendo experiências. Até que um dia ela chegou.

Foi num curso que faziam; ela foi se aproximando e ele permitindo. Uma mulher extrovertida, que faz um contraponto a sua, ainda, maneira introvertida de ser.

Quando esse homem começou a namorar, foi uma alegria muito grande para ele. Pense no que é estar solitário há tanto tempo e de repente ter uma companheira, ter alguém para levar a um restaurante, para passear no fim de semana. Isso abriu muitas possibilidades em sua vida. A vida que era de casa para o trabalho ganhou viagens, bares, conversas. Pense também em uma psicóloga feliz.

A psicoterapia dele terminou pouco depois do início do namoro. Anos depois, eu soube que se uniram.

Conheci sua esposa, recentemente e por acaso, em um curso que ministrei. Ela estava na plateia e veio tirar uma foto comigo ao final. Disse que a foto era para ele. Ao dizer o nome dele, fui tomada por uma alegria emocional sem fim. A abracei mais de 4 vezes, olhando para ela surpresa. Era ver ali concretizado, em carne e osso, o desejo de apego e afeto de seu marido, por anos compartilhado comigo. Me agradeceu, dando a entender que sabia de todo o processo terapêutico dele. Então, eu logo percebi que sensibilidade e generosidade são, sem dúvida, características que partilham em comum.

A propósito: ela é psicóloga e, antes que os dois revirem os olhos e balancem o rosto em negativa, longe de mim fazer qualquer tipo de interpretação a esse respeito. A vida não é uma somatória de porquês psicológicos.

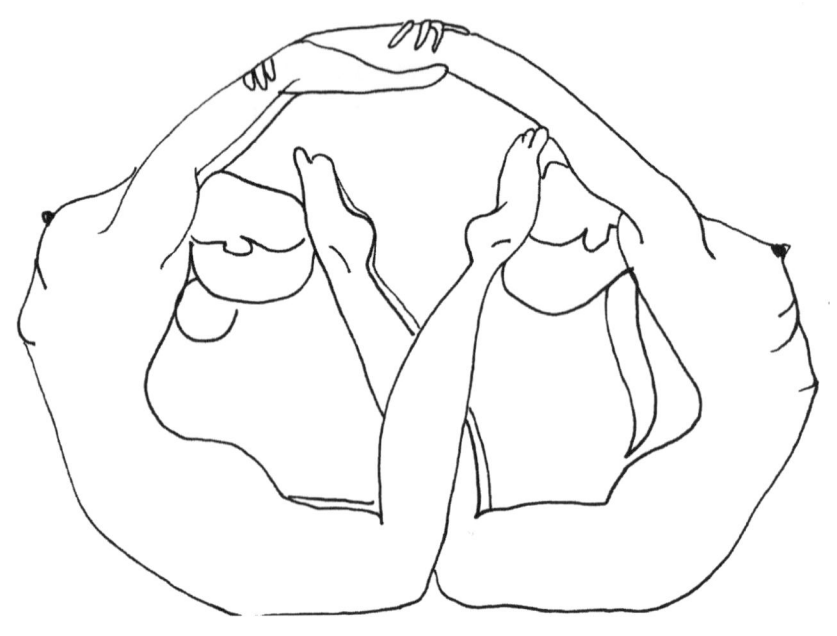

SEU PASSADO NÃO A CONDENA

A primeira característica dessa paciente vai fazer aqueles leitores que, como eu, já flertam com o meio século de existência, revirarem os olhos. Ela não completou trinta anos ainda, mas já se sente velhíssima. Tenhamos um pouco de paciência com os jovens para que eu possa contar essa crise de meia-idade de uma moça de vinte e cinco anos.

Ela é ex-profissional do sexo e se descobriu no sexo muito cedo, aos quinze anos. De uma família de mãe pouco expressiva e pai muito rígido, nunca se sentiu motivo de orgulho. Em casa, jamais faltou nada, mas o padrão de vida era mediano e ela gostava de dinheiro. Gostava de confortos e, mais ainda, da sensação de distinção que os luxos podem dar.

Quando chega a adolescência, a moça se descobre atraente, percebe que chama atenção por onde passa e fica muito encantada com isso. A beleza lhe dá o tipo de aceitação gratuita que não sentia em casa e ela logo se torna viciada em chamar atenção. Sua vida sexual já começa com base na troca quando, aos quinze anos, marca um encontro com um cara em um bate-papo na internet e pede um cachê pelo programa. A partir de então, cobra sempre. De uns, bem pouco, de outros, o máximo que pode. A cifra atingida dita sua autoestima e ela sente prazer em receber dinheiro – é uma forma de se sentir literalmente valorizada.

O esquema é arriscado e amador, mas ela cuida de tudo sozinha, sem recorrer a *sites* de prostituição ou a agenciamentos. Conversa com homens em bate-papos, combina o encontro e cobra. Os primeiros clientes a indicam para os amigos e ela logo tem mais procura do que dias livres. Com a agenda semanal lotada, seus pais a consideram uma adolescente muito saidinha.

Como a graça fundamental é ser paga, tem pouquíssimos relacionamentos fora da prostituição. Em um deles, namora uma travesti por alguns meses. Não se apaixona, mas o faz por afeto e por uma curiosidade crescente que a leva a experimentar tudo o que aparece em termos de possibilidades na cama. Ao longo dos anos, não são poucos os homens que se apaixonam por aquela menina tão nova e bonita, com um quê de desamparo, mas ela vai driblando esses afetos até que, aos vinte e três, quando se considera no auge de sua carreira, se apaixona por um cliente casado. A essa altura, já rompeu com o pai e fala bissextamente com a mãe, tem carro e apartamento comprados com o próprio dinheiro e poucos amigos.

O romance com o cliente é mais comum do que se pensa. A fantasia dos homens na prostituição passa por ter sexo sem sentimentos. Alguns deles se sentem tão demandados de afeto e compromisso, tão acuados diante de uma pressão (sobretudo imaginária) de que as mulheres estão sempre querendo arrancar coisas deles, que só relaxam quando estão em um contexto de regras claras e frias. A questão é que uma vez relaxados, fica o espaço para o sentimento e não é raro que se apaixonem por prostitutas. Uns, claro, por fantasias algo machistas de que aquela, sim, é uma mulher sem demandas, sem pressão. Outros se apaixonam sinceramente pela pessoa, não pelo papel que ela desempenha, justamente por esse relaxamento da tensão da demanda.

Acredito que esse caso seja do segundo tipo, o que não significa que esse cara não tenha trazido para a relação diversos problemas da sua condição de ex-cliente assíduo de prostituição. Uma autoestima esburacada que ele preenchia com grana, uma vontade de dar tudo a ela, seguida de uma desconfiança de que ela só permanecia com ele por conta desses luxos.

O fato de ser casado se provou um detalhe de fácil resolução. Após poucos meses juntos, ele se separou da mulher. Em menos de um ano, estavam morando juntos. O casamento misturava um lado muito meigo de duas almas solitárias se encontrando, cuidando uma da outra, a acessos de ciúme e controle por parte dele. De um lado, era um cara que assumia ela publicamente, que não tinha vergonha de seu passado, que apoiava seus novos planos de estudo e trabalho. De outro, era possessivo, fazia acusações, dizia que ela só estava com ele por interesse. Tinha ciúme dos assédios que imaginava que ela sofria, mas se excitava em falar desses assédios: queria relatos sobre outros caras, sobre o cara que deu em cima dela na rua.

Ela, por sua vez, também era um porto seguro para ele. Depois de um primeiro casamento todo fraturado por mentiras, foi um alívio encontrar alguém disposto a entender, por exemplo, a atração dele por travestis. Logo nos primeiros meses de namoro, ele sofreu um revés financeiro do qual levou um ano para se recuperar e ela ofereceu todo o apoio que podia. Depois disso, numa época mais farta, compraram casa, ele lhe deu uma joia cara de presente... E mais acusações de que ela seria interesseira.

A transição desse papel de prostituta desejada e independente para o de esposa e estudante sustentada pelo marido rico não foi nada fácil para ela. Envolvia se despir de uma personagem longamente construída, lidar com essa perda momentânea de autonomia, tentar pela primeira vez fincar sua autoestima em atributos que já não eram o corpo, o sexo. Ela sempre foi inteligente, sempre gostou de ler, de ir ao cinema, mas a inteligência não era o que a definia aos seus próprios olhos. Por mais que a gente pense no exagero de uma moça de vinte e cinco anos se sentir velha, essa é mesmo uma fase em que as mulheres, sobretudo as muito bonitas, começam a se desvencilhar um pouco da aparência, a querer outras coisas. Se não é fácil para a maioria, imagine para quem construiu uma identidade e uma carreira em cima do corpo.

O que ele oferecia a ela era aconchego com sufoco. O que ela oferecia era um prazer masoquista. Eles recriam essa dualidade de dor e prazer o tempo inteiro na relação: é o presente que vem com humilhação, o sexo que vem com a vontade de ouvi-la falar sobre outros homens, um prazer que se intensifica através do medo de perdê-la. Se fosse um jogo sexual que se encerra na cama, não haveria tanto problema, mas, no caso deles, isso vazou para a vida e contaminou a relação como um todo.

O cenário era complexo. Ao mesmo tempo que esse homem simboliza o único relacionamento bacana, estável, cúmplice que ela já teve, também simboliza sufoco, ressentimento por sua perda de autonomia, por esse apoio que ora a coloca para cima, ora para baixo. À medida que busca outras coisas, que estuda, aposta em uma transição de carreira e tenta se afirmar por outros atributos. Enquanto ela preferia entrar em uma fase mais calma do relacionamento, em algo mais família, ele quer sexo todos os dias e conversas sobre outros caras. Os dois se testam o tempo todo, vivem uma dualidade entre subjugação e prazer.

Eu gosto dessa história porque ela é complexa. Há amor e há raiva. Há companheirismo e há falta dele. Mas o que a história realmente nos mostra é o quanto uma fantasia sexual pode ser reveladora de aspectos da personalidade que dão as caras muito longe da cama.

O trabalho foi árduo. Foram meses nos quais ela teve de refrear, com afeto, o impulso dele em querer controlar todos os desejos dela, na cama e fora dela. Que precisou se descobrir como mulher, acreditar na sua capacidade intelectual, diminuir o sentimento de que todas as pessoas a sua volta faziam um jogo com ela, que estavam interessadas em algo mais do que sua companhia ou amizade.

Em que ele teve que, através de uma psicoterapia individual, se destacar dela e compreender o grau de desconfiança motivado pela insegurança de uma identidade desenvolvida a duras penas. Quebrar um ciclo sexual de inserção de um terceiro, rival, que confirmava na fantasia de que ele era "corno", para minutos depois do gozo sentir-se vitorioso, de carne e osso, pois era com ele que ela havia se casado. Integrar-se, mergulhar na sua pequenez e reforçar suas características mais sublimes.

Foi então que ela decidiu fazer um curso de mediação de conflitos, uma atividade técnica muito utilizada em casos judiciais, exercida por pessoas imparciais sem poder decisório, que auxilia os envolvidos a identificar ou desenvolver soluções. Uma maneira interessante de aprender e projetar-se no mundo com equilíbrio. Para quem ia de um extremo a outro (a santa casada e a prostituta devassa) era um desafio e tanto. O seu mundo, as suas convicções. O meu mundo, as minhas convicções. Haverá maneiras de olhar para os dois, negociar e satisfazer, suportando frustrações. Muito embora a grande maioria dos mediadores seja de advogados formados, sua força, perspicácia e compreensão sobre as próprias incoerências emocionais, somadas a uma ousadia que lhe era peculiar, lhe renderam uma vaga, ainda como estagiária, em um respeitado escritório de advocacia. Dos tempos de garota de programa, ela preserva uma sedução convincente, agora não erótica, e um distanciamento emocional interessante para o papel profissional que ocupa.

O marido ainda solicita um sexo quase diário, como uma maneira de ser acolhido e amado. De vez em quando tem uma reação sentimental, ressabiada e possessiva, com fantasias sobre advogados bonitos, atraentes e endinheirados que desejam o corpo de sua mulher, e vice-versa. Por vezes ela alimenta essa fantasia, e acabam na cama, noutras não. Pois agora, mais segura de si, consegue encarar ele sem medo de ser julgada, de igual para igual, sem sentir mais que "seu passado a condena".

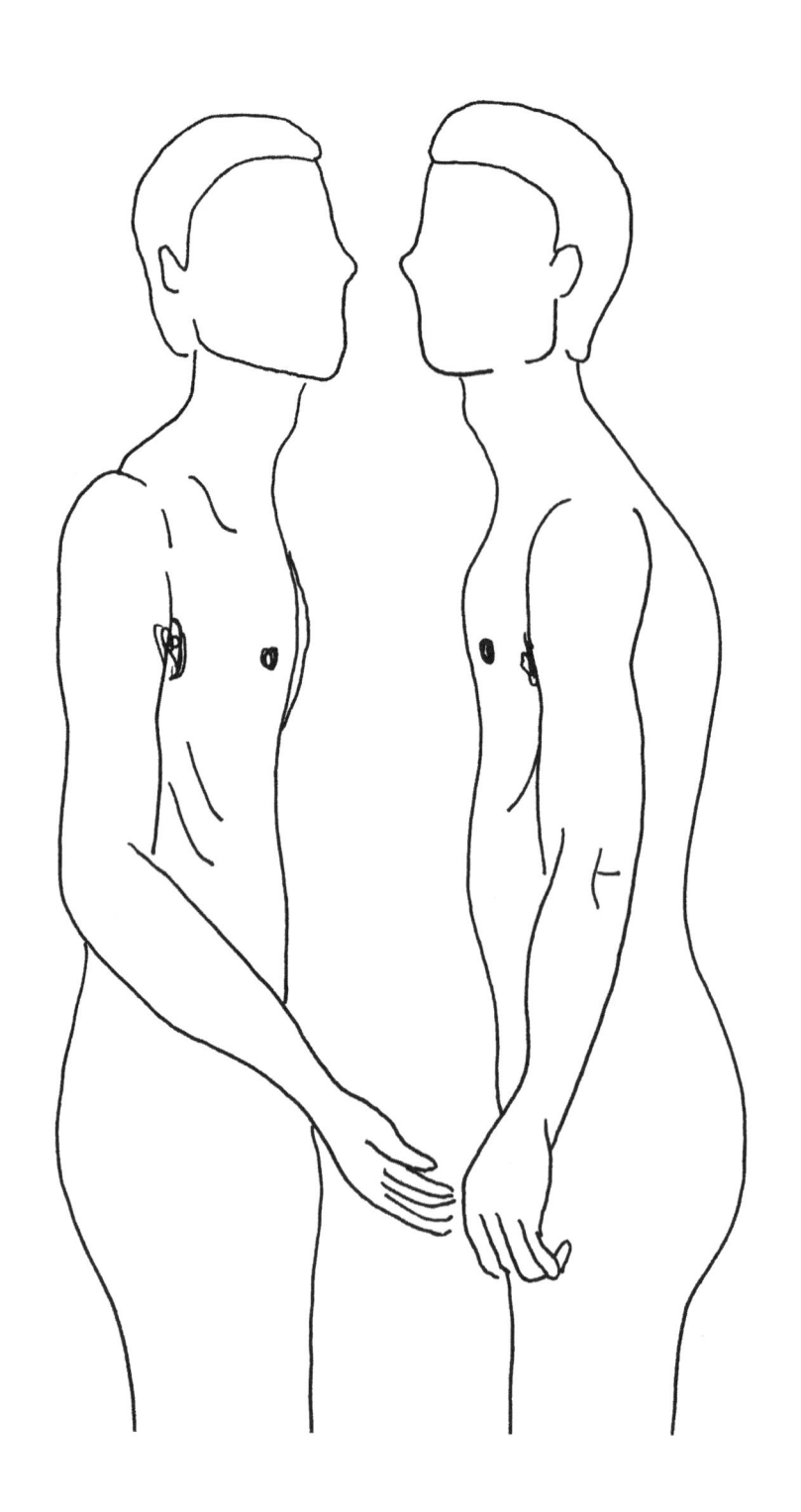

O EX DA RUA DE CIMA

Às vezes as pessoas — quase sempre heterossexuais — se perguntam quem hoje em dia ainda fica no armário. Para além da violência explícita e também do preconceito velado que os homossexuais sofrem, é preciso entender que a orientação sexual é uma parte importante da identidade e da forma como uma pessoa se apresenta ao mundo e se relaciona com os outros. Sair do armário por vezes passa por superar a crença de que para ser de determinado jeito é necessário ter essa ou aquela orientação. A história desse paciente é um exemplo de lenta superação desse tipo de crença.

De família conservadora, mas não tanto, e com um emprego tradicional, mas não muito, ele se manteve por trinta e dois anos numa ilusão heterossexual.

Ainda criança, ele se interessava pelo mundo dos meninos. Não era aquele garoto que desde cedo só anda com as meninas ou que gosta dos assuntos delas. Pelo contrário. Jogava futebol, voltava para casa ralado de brigas e brincadeiras, só assistia desenhos de super-heróis e achava que as colegas eram uma espécie de alienígena com quem dividia a sala. Aos doze anos, o assunto meninas invadiu a seara masculina que lhe era tão confortável. Os colegas passaram a falar das garotas mais bonitas, das que queriam beijar e de quem já tinham beijado. No começo, ele ficou apenas entediado, depois foi percebendo que seu afeto estava voltado para os meninos, para além da amizade. O interesse pelas garotas não aparecia.

O passar dos anos foi mostrando que o assunto meninas não seria uma moda passageira e ele começou a ter ciúmes de alguns amigos, sobretudo do melhor amigo da escola. A forma de reprimir aquele afeto foi imitando o colega. Não podendo estar com ele, resolveu ser ele. Fazia tudo o que o menino fazia, se vestia como ele, passava o máximo de tempo possível com ele. E namorava sempre a amiga da menina no qual ele estivesse interessado.

Essa foi uma estratégia que funcionou por um tempo, naquela fase em que a sociabilidade dos meninos continua sendo muito entre eles, e garotas são só um complemento exótico. À medida que os amigos foram crescendo e tendo com as mulheres uma relação menos apartada, de mais companheirismo, o ciúme dele em relação ao melhor amigo da vez aumentou, fazendo com que, de uma hora para outra, ele se tornasse recluso.

O fim da adolescência foi marcado por uma vida social restrita e uma vida afetiva de fantasias. A situação melhorou um pouco com a entrada na faculdade, onde fez amigos de ambos os sexos e já não via as mulheres como seres extraterrestres. A essa altura, ele já tinha bastante clareza de sua situação. Sabia que seu desejo estava voltado para os homens, mas não se enxergava como homossexual nem queria aquilo para ele. A referência de *gay* que ele tinha era de um cara essencialmente sozinho, sem filhos, sem família, que tinha no máximo um namorado escondido. Que quebrava a mão, rebolava, falava fino e gritava ao ver uma barata. Isso era o oposto do que ele era e do que queria. Vindo de uma família grande e calorosa, tudo o que ele mais desejava era ter filhos, uma pessoa para dividir a vida, um pacote de sociabilidade que ele pintava como essencialmente heterossexual. Entre isso e o desejo, ficava com isso e sofria pelo desejo.

Com esse plano de simplesmente desconsiderar a própria orientação sexual e seguir com a vida que queria levar, ele começou a namorar uma colega de curso muito legal e que não tinha lá muito *sex appeal*, não exigindo dele nenhuma superperformance, nem sexual nem de uma paixão desmedida.

O relacionamento deles era incrível em muitos aspectos. Partia de afinidades e afetos reais, passando pelo cuidado muito bonito que um tinha com o outro, além de a família dela ser também muito grande e parecida com a sua. Ela, que era tímida e um pouco desconfiada, de repente se via com um homem cujo universo não a assustava, que acolhia suas inseguranças.

Depois de se formarem em Direito, ele foi trabalhar em um grande escritório enquanto ela passou a atender casos de família de maneira independente. Eles se casaram, para a grande alegria das famílias, e tinham uma vida bastante agradável em uma linda casa e com um relacionamento sem brigas ou discussões.

Logo no primeiro ano de casados, tiveram gêmeas e ele conseguiu a vida que sempre quis: um casamento estável e calmo, duas famílias grandes e receptivas para frequentar, um grupo de amigos para se relacionar e que também gostava de sua mulher. O único porém era uma vida sexual pobre e um desejo latente por alguns amigos e por caras na rua. Racionalmente, ele achava que a conta fechava e que ninguém podia ter tudo na vida — mas era mais fácil ouvir essa voz em casa, com as filhas, do que na academia, diante de um cara particularmente atraente.

No meio disso, o trabalho era um ambiente neutro no qual ele não estava exposto nem aos confortos do casamento e da família nem aos estímulos afetivos que algumas amizades provocavam. No escritório, não havia nenhum *gay*, ao menos que ele soubesse, nenhum amigo íntimo ou ninguém que lhe interessasse. Eram oito horas diárias em meio a um coleguismo cordial e agradável que lhe ajudava a recuperar o equilíbrio e reforçar a opinião de que seus impulsos por outros homens eram casos pontuais e perfeitamente controláveis.

Isso até a chegada de um funcionário recém-contratado, quando sentiu novamente aquele *frisson* do "cara novo da escola". Era um homem muito bonito, simpático, solteiro, que não saía por aí anunciando nem tampouco escondendo sua homossexualidade, que tinha os mesmos interesses que ele... Pensar em ambiente neutro diante de uma peça dessas era frieza demais, mas nosso amigo logo se convenceu de que poderia construir uma relação de amizade com esse moço e mantê-lo no mesmo banho-maria em que mantivera antigos amigos de outras fases.

As coisas seguiram assim, com um ou outro sobressalto em momentos de maior desejo, mas em geral sob controle. O rapaz foi incorporado ao grupo de amigos do casal, que já tinha vários advogados, onde foi muito bem recebido.

Foi numa reunião desse mesmo grupo de amigos, na casa deles, que as coisas se complicaram. Era um sábado e todos tinham ido à casa do casal para jantar e beber cerveja. Os programas domésticos eram comuns desde a vinda das gêmeas e eles achavam uma delícia receber pessoas em casa. Com o passar das horas os amigos foram se retirando, um a um, e a esposa também foi se deitar. A cada pessoa que deixava a sala, a tensão e o desejo aumentavam. Será que ele vai embora? Será que começo a bocejar para ele ir embora? Será que as outras pessoas estão notando alguma coisa?

Quando o último (ou melhor, penúltimo) convidado pediu um táxi, suas têmporas latejavam. O outro cara, mais experiente, talvez tenha notado o clima e, em vez de atacar, fez questão de se afastar no sofá e prosseguir com o jogo da amizade. Ele não arriscaria por nada levar um fora. Foi meu próprio paciente — tecnicamente, ele viria a ser meu paciente no dia seguinte a esse encontro; foi sua primeira providência na ressaca da segunda-feira — quem se aproximou no sofá e deu abertura. O outro só tascou o primeiro beijo.

A partir daí, a chance de manter o platonismo foi por água abaixo. Os dois começaram a ter um caso já na semana seguinte. A voz do casamento, da família, do não se pode ter tudo foi sendo mais e mais abafada quando ele finalmente teve prazer de verdade no sexo e o peso disso desestabilizou a conta anterior. A cada encontro na casa do amante, se surpreendia com a própria vitalidade, com a própria alegria, com o quanto era bom estar com alguém em quem se tinha interesse genuíno.

Talvez as coisas se encaminhassem de outro jeito. Talvez se transformasse em um caso duradouro e ele continuasse sendo um entre tantos homossexuais casados com mulheres que ainda vemos por aí. Talvez, se o cara tivesse paciência e o peso da própria paixão deles esmagasse as dúvidas. Mas o fato é que um relacionamento é uma obra a pelo menos quatro mãos e duas dessas mãozinhas se empenharam em escrever outro fim.

Em poucos meses, o colega passou a cobrar. Queria a saída do armário, mas também queria mais do que isso.

Queria competir com a mulher do cara, queria botar a moça para fora e assumir a casa com as gêmeas na bagagem — queria um sonho de princesa completo e queria para ontem.

Conforme as coisas azedavam, ele se sentia culpado, somatizava, tinha crises de asma. O cara ameaçava contar tudo para a sua esposa e para os colegas de escritório, queria tirá-lo do armário na base do tapa, assar o coelho dele. Agora que as portas do desejo tinham sido abertas, era mais difícil controlar a vontade de ter casos com outros homens. Em outras palavras, o caos era completo.

No meio disso, a mulher passa a notar que tem algo estranho, que o clima em casa não está bom... E começa a receber uns telefonemas esquisitos, alguém que liga e desliga na cara dela várias vezes ao dia. Ele logo culpa o ex-amante, fica com ódio por ele fazer a esposa, de quem ele gostava muito, sofrer.

Embora um psicólogo seja treinado para se colocar "ao largo", sempre acende uma luz amarela quando os pacientes estão tomados pela angústia, prestes a vivenciar um terremoto que se avizinha. A gente não sofre junto, mas há sempre um certo "pesar", uma vontade de colocar no colo e uma necessidade monstruosa de não acreditar que você tem que resolver a vida dos outros, encontrar uma saída, oferecer solução. A gente oferece um lugar, para que o outro possa despir-se, sem julgamentos. Para que possa chorar, soluçar, se abrir, elaborar emoções. Quantas e quantas vezes alguém me contou uma história triste — dessas que envolvem circunstâncias do acaso, da vida... situações que você não pediu, ciladas que não armou para si mesmo —, e uma sensação de compaixão me invadiu a alma. Muitas. Ou quando alguém se depara com o lado negro da força, resultado das escolhas que tenha feito, movidas por uma forte emoção. Entre o acolhimento e a distância emocional, fomos medindo a angústia e a dor. Em uma sessão ele havia pedido para o namorado se afastar, rompido a relação, e tentávamos juntar todos os cacos. Noutra, confessava, envergonhado, que havia cedido novamente ao desejo e lá íamos nós, conversar com seu eu erótico, apaixonado e bastante irracional.

São meses desse pandemônio até um golpe de sorte fazer seu amante ser promovido a uma sucursal do escritório em outra cidade, e meu paciente finalmente ter alguma paz para decidir a vida dele.

A vida dele que, na verdade, eram as vidas dele. Era a vida de casado, família, casal vinte, que ele sempre quis, somada a essa nova vida de desejo, sexo, homoafetividade que ele negou por anos, mas que agora queria tanto quanto a outra. O sumiço do amante resolve o circo, porém, deixa uma falta muito grande de sexo e de afeto; seu universo interior era uma cidade inteira devastada por um *tsunami*. E é essa falta, que ele já não consegue preencher com parquinho com as filhas nem com jogo com os amigos, que o faz decidir pelo divórcio.

Ele pede a separação, conta tudo para a mulher. Ela fica revoltada, mas, ao mesmo tempo, não fica. É um ficar revoltada mais protocolar, por causa da situação, do que uma coisa atávica. Era a ameaça de perder um sujeito que ela amava, mais como irmão, verdade seja dita, o pai das filhas, o companheiro, a família modelo da propaganda de margarina — e precisar recomeçar do zero. Nunca é fácil.

Trabalhamos a separação em conjunto no consultório, e em pouco tempo ela o acolhe. No fundo, ela sabia. Compreendia que o sexo nunca havia sido o elo mais forte entre eles, e que havia no olhar do marido uma contenção que agora transbordava. Em suma, ele era *gay*.

As pessoas podem se perguntar como alguém passa por uma situação dessas e perdoa, convive com o ex-parceiro e o aceita. Como não se sentiu traída, enganada, humilhada? Eu não convivi com ela mais do que dois meses, quando estivemos trabalhando a separação. E, claro, ela se sentiu tudo isso. Mas havia entre eles um laço amoroso tão forte e verdadeiro, que era difícil para ela enveredar pelo caminho de duvidar sobre esse amor, sobre os sentimentos dele, sobre a história construída. Ela sabia que não havia como lutar contra algo bem mais forte, que não dizia respeito a ela.

E tinha mais: havia nela uma proposta empática de vida, talvez fortalecida pelos anos de trabalho com direito de família. Já tinha presenciado muitas justificativas, de todos os lados, para o desamor. Não seria ela que transformaria a sua vida, a dele e a das filhas, em mais um processo em uma vara de família qualquer.

A família não entende, mas de alguma maneira é obrigada a entender. Os amigos, no começo, se espantam, afinal, os dois eram considerados uma boa referência de casal. Como todo acontecimento dessa natureza, eles são o comentário da vez. Por vontade e decisão própria, partilhada com a mulher, ele decide não mentir para os mais próximos, nem inventar uma boa justificativa para os menos íntimos. Para os primeiros, *descobri que desejo homens*; para os outros *descobrimos que não somos mais felizes juntos*. Mas é claro que a notícia se espalha.

Alguns, principalmente homens, se afastam, temendo levar uma cantada ou serem "contaminados" por essa doença *gay*. Outros tentam convencê-lo a manter o casamento e levar uma vida paralela (e, dessa forma, descobre que a vida sexual de algumas pessoas é muito mais secreta do que ele poderia supor). Alguns até aconselham um tratamento do tipo "cura *gay*". No ambiente de trabalho foi menos confrontado, mas percebeu olhares desconfiados, distanciamentos e surpreendeu-se, inclusive, com olhares de desejo por parte de alguns colegas.

Mas como ainda há muito amor no mundo, também recebeu apoio, afeto e aceitação incondicional, como no caso de um cunhado, de quem não era nem tão próximo, que lhe abraçou e disse: "Cara, vai ser feliz!" Passada a tormenta, as pessoas dão de ombros e seguem as conversas de sempre.

Ele sai de casa e aluga um apartamento perto da ex e das filhas. Em questão de meses a vida familiar se refaz quase que sem máculas. Ela leva na escola e ele busca, os dois dividem as tarefas e o afeto das crianças. Sempre foram os melhores amigos um do outro. Fazem programas juntos. Decidiram que, assim que o pai tiver um relacionamento mais estável, ele contará para as meninas.

Sozinho, ele se cuida mais, fica mais bonito, começa a sair com outros caras, a paquerar. Na essência, continua família, só que agora se permitindo reconciliar amor e desejo. Compreendeu, por fim, que ser *gay* não implica em ser "menos homem"; que desejar outro homem não tem relação direta com se sentir mulher. Que a orientação sexual não é uma escolha, pois se assim fosse, ele, por todas as razões óbvias de alguém que nasce em uma sociedade homofóbica como a nossa, e mais ainda por suas características pessoais (a mulher companheira, as filhas, a família), teria escolhido *ser hétero*.

Quanto à ex-mulher, ela segue a vida. Ensinou a todos nós como o amor pode ser desafiador, complexo, difícil, mas sempre lindo! Mostrou como é possível aceitar que um amor não se concretizou de determinado modo, que o parceiro não era o que você esperava e que a trajetória exige redefinições. E, por fim, comprovou que ter um ex--marido morando na rua de cima pode ser uma dádiva...

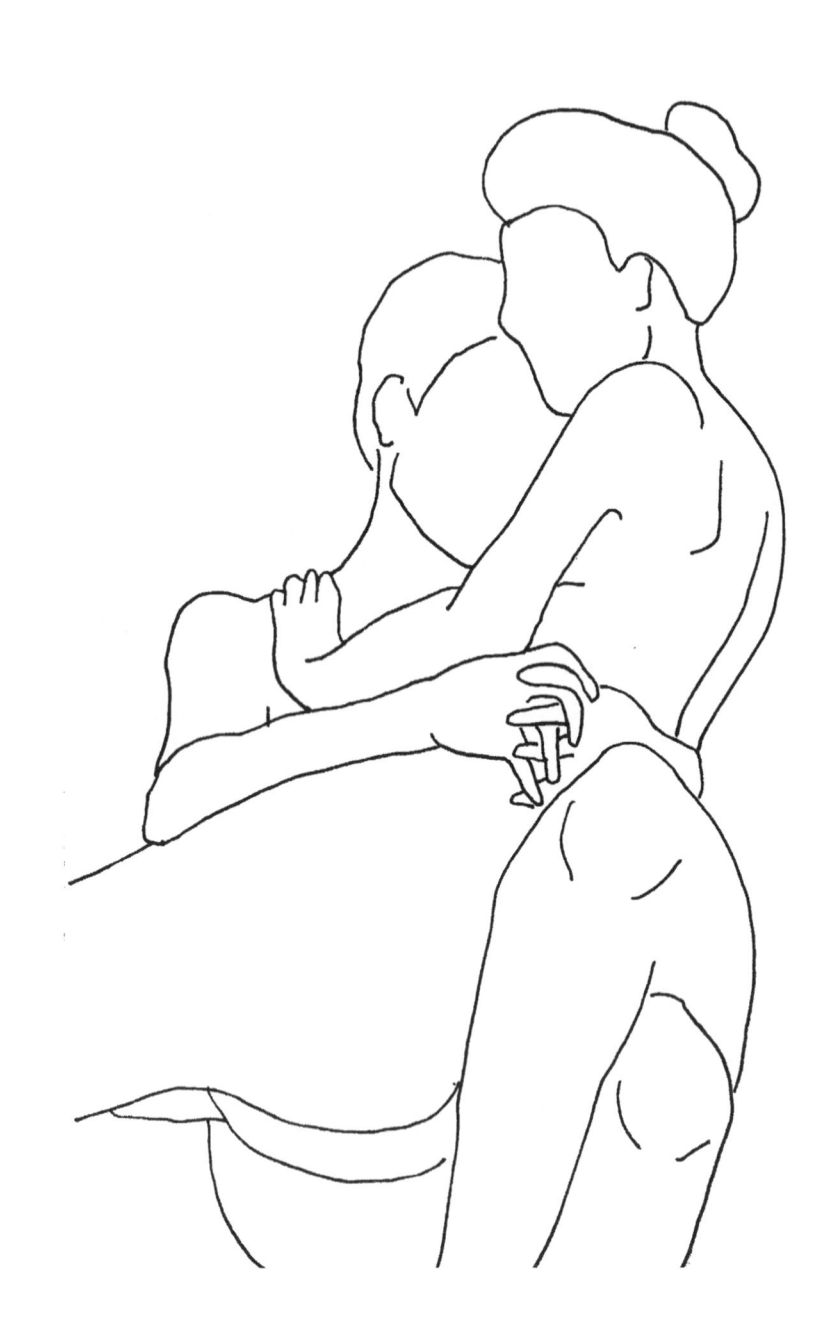

MULHER DE UMA AVENTURA SÓ

Ela foi uma adolescente que queria se guardar para um homem especial. Os primeiros namorados não conseguiram mais do que beijos e abraços. "Relar" com o cotovelo no seio dela era motivo de briga. Até começar a namorar com o cara que ia mudar sua perspectiva sobre sexo.

Apaixonada e confiando naquele rapaz inteligente e envolvente, aos três meses de relacionamento ela já estava se entregando inteira, de corpo e alma. Pouco tempo depois, estava deitada nua, na maca de um massagista, segurando seu pênis ereto, em uma cena erótica, na qual o namorado assistia, de frente, sentado em uma cadeira, incentivando-a a se entregar. Começava ali uma vida sexual intensa e totalmente diferente do *script* que ela havia redigido anos antes.

De namorado transgressor para marido que queria levá-la ao *swing* foi um pulo. No dia em que ele propôs a troca de casais, lá pelo segundo mês de casados, não tinha nem casa do ramo na cidade em que moravam. Essa história tem vinte anos e está longe dos dias atuais, onde *swing* se tornou palavra corriqueira. A primeira reação da moça foi um baita susto. Já tinha ido longe demais com a história do massagista. Estava claro para ela, nos seus pensamentos, que havia casado com um cara, segundo ela, "meio depravado". Aos poucos, foi se deixando seduzir pela ideia. Começaram a inserir pessoas no relacionamento — a vizinha, um conhecido do trabalho, um sujeito interessante que conheceram no clube —, e a viajar para participar de clubes de *swing*.

Sozinhos, nunca estavam de fato, porque até no sexo a dois a fantasia dele mandava buscar mais gente. Lembrava de cenas de sexo grupal, prospectava o que fariam com a professorinha do sétimo andar, pedia para assistir ela se masturbando com diferentes vibradores enquanto dava nome e rosto a cada um deles.

Fora da cama, o casamento ia bem. Era um marido divertido, que assumia o controle das questões financeiras e do projeto comum. Bom genro, bom cunhado. Paparicava a família dela, enredou os parentes todos em uma teia de mimos, contatos e favores. Quando ela deu por si, a irmã trabalhava na empresa dele, o pai trabalhava para o pai dele, a mãe se preocupava mais com ele do que com ela. Ele nunca a proibiu de trabalhar, mas dava aquele incentivo frouxo. *A gente não precisa de mais uma renda, tem outras coisas que você pode fazer*, aquela história. Ela foi se acomodando. Começou a fazer um trabalho voluntário muito legal, que a preenchia, e deixou de pensar em renda própria.

Quando chegaram ao meu consultório, já tinham dez anos de casados. Foram dez anos viajando, três ou quatro vezes ao ano, para fazer *swing*. Dez anos em que achar outra calcinha ou cueca no chão do quarto era rotina. Dez anos de festa, gente legal e gente mais ou menos, noites incríveis e também noites caídas.

No consultório, quando ela reclamava um pouco, ele ia lá e falava por cima. A vida agitada estava mais interessante para ele do que para ela, que se sentia cansada de ter que estar sempre linda, chamando atenção. Ele era meticuloso com isso. As roupas íntimas que ela iria usar, o sapato de salto, o cabelo, tudo passava pelo crivo estético dele.

Eles já tinham uma filha, uma vida que foi incluindo cada vez mais gente também fora da cama. Ela estava, essa é a verdade, querendo ficar um pouco a dois para dar uma variada. A mesma crise que tantos casais podem ter depois de dez anos, só que ao contrário. Vamos sair do *swing* para fazer algo diferente? Queria programar uma viagem com idas a museus, restaurantes, sem que ele já chegasse com o endereço das casas que proporcionavam trocas de casais.

O *swing* tem uma dinâmica um pouco ilusória de tentar controlar o desejo do outro. Promover uma separação radical entre desejo, ato sexual, afeto, cumplicidade e amor. É um adultério consentido e vigiado, nas palavras de Olivia Von der Weid[1]. Você tem a ilusão de que por se estar ali, acompanhando tudo, o desejo do outro será administrado. Que por haver uma liberdade do corpo, a outra pessoa não iria sonhar além e querer o pacote completo, outro amor, outra vida.

Claro que a monogamia clássica também traz seu pacote de ilusões, mas ali as coisas são também pragmáticas: há regras estreitas e, embora se pratique uma certa liberdade, ela está sempre pautada na aceitação e observação do outro. Longe de mim condenar a troca de casais ou fazer apologia da mal-afamada monogamia — só é interessante notar essas dinâmicas de ilusão e desejo operando nos casais.

Esse era um caso de pacientes pelo avesso. Em vez de pensar em estratégias para reativar o desejo, redescobrir

---

[1] Von der Weid, O. *Swing: o adultério consentido*. Revista *Estudos Feministas*, Florianópolis, 18(3): 789-810, setembro-dezembro/2010. Disponível em: https://periodicos.ufsc.br/index.php/ref/article/view/S0104-026X2010000300009/17695

os corpos, eu, nessa época fazendo o papel de terceiro elemento da relação, tinha que pensar junto com eles em como fazer as coisas funcionarem mais ali entre os dois. Como retirar elementos, estímulos e gente do jogo. Após dez anos de casamento, eles tinham uma rotina, um esquema gostoso e familiar entre eles, mas no sexo havia quase falta de intimidade, de uma identidade que só unisse os dois. O sexo estava sempre acompanhado de uma fantasia. Sonho para uns — inclusive para ele —, mas ela começava a querer acordar.

Qual o sentido de ter um relacionamento? Ter um companheiro com quem contar nas questões práticas da vida? Ter alguém para dividir as contas, tarefas e filhos? Ter um parceiro fixo com quem transar? Para ela, como para tanta gente, um dos sentidos essenciais era se sentir única, individualizada. Não se tratava de se sentir a mulher mais incrível do mundo, mas de se sentir especial para aquele cara que era especial para ela. Com tanta gente e tanta ação ao redor, ela sentia que o casamento falhava em lhe entregar essa noção de unicidade e começava a se sentir usada pelo marido, aprisionada pelo desejo dele.

Há muitos tipos de casais que buscam o *swing* por motivos e em momentos os mais variados. Há os que sempre gostaram da prática, há os que a escolheram entre tantas opções de variação do cardápio. O que eu costumo dizer para quem não quer abrir geral o casamento, para quem quer que isso seja só um programa especial na relação, é para ter cuidado com a frequência. Quatro peitos, oito olhos, dois pênis podem, em alguns momentos da vida, ser mais estimulantes do que uma única pessoa num quarto. Isso é regra quase geral. É preciso cuidado e parcimônia para que o *swing* não faça o sexo a dois parecer sem graça. Nesse sentido, controlar a frequência e medir o quanto as terceiras e quartas pessoas surgem em fantasias e conversas a dois é essencial.

E foi justamente isso que eles nunca fizeram. Para ele, estava ótimo. Para ela, não. Ela já estava sendo movida pela raiva, ao fazer sexo com outros, como se dissesse: é isso que você quer? Então eu vou gozar com esse homem... Claro que durante todo o tempo havia nela também uma motivação, a excitação e o prazer, mas naquela altura da vida ela pedia para parar. Juntos, tentamos equilibrar um pouco a demografia. Sair com menos gente, tentar estabelecer um sexo a dois em que um terceiro elemento não surgisse ao pé do ouvido. Ele foi a contragosto, mas não queria perdê-la e fez algumas concessões.

Eis que três anos depois, quando eu achava que o problema estava mais do que resolvido, eles voltam ao meu consultório, à beira de um divórcio. Ela havia arranjado um amante. Uma terceira pessoa de verdade para quem ela era a única, ou pelo menos assim a fazia sentir.

Foi durante um cruzeiro — justo numa viagem que ele inventara para calar as queixas da mulher — que ela conheceu um homem de outra nacionalidade, integrante da tripulação. Deu seu número de telefone. Depois disso, veio uma onda de mensagens, de fantasias. Para onde esse homem viajava, lhe mandava fotos, comprava um presente. O marido não tinha nem condições de competir com aquilo: um homem que navegava para todo canto e só pensava nela.

Ele, em pouco tempo, acabou descobrindo, e encostou a mulher na parede. Ela assumiu prontamente: estava apaixonada. Ele pediu detalhes, mas foi se excitando com a narrativa. Queria e não queria pôr fim àquilo. Deixava que os dois se encontrassem, desde que ele soubesse quando e onde, e ouvisse um relato minucioso depois. Queria se integrar ao grupo de qualquer jeito, mas a porta estava fechada — aquele era, na verdade, um relacionamento a dois. Parte da fantasia dela, isso eu logo notei, ainda estava em um cara indisponível, que, por causa de seu trabalho, não conseguia oferecer um relacionamento pleno. No fim, ela também tinha um fraco por padrões.

Conforme o divórcio parecia mais concreto, a família dela se metia no meio. Achava uma loucura, dizia que não iria dar certo com o outro cara. No subtexto, o medo de que o marido deixasse todos eles na rua da amargura, o que de fato acabou acontecendo.

Mas contra tudo e contra todos, ela se separou. Rompeu um ciclo, inverteu a situação e descobriu a liberdade.

Agora, ela está tentando se reerguer. Começou faz pouco tempo a trabalhar em seu primeiro emprego remunerado. Em um dado momento, percebeu que namorar a prestação também não era o que queria e deixou que o tempo diminuísse seu encantamento pelo tripulante do navio. Algum tempo depois, conheceu alguém. Disponível, carinhoso, que adora dormir de conchinha e fazer sexo a dois. Só a dois. Afinal, ela se descobriu mulher de uma aventura só.

MAS COM O MEU AMANTE...

Um dos casos mais interessantes da minha carreira foi o dessa professora, que tinha por volta de 65 anos de idade, que chegou ao consultório decidida a vencer certas travas e aproveitar melhor a vida sexual com o marido, com quem estava desde os 21 anos.

Os dois mantinham uma frequência sexual bastante respeitável para um casamento tão longo e ela gostava de sexo, embora não soubesse dizer se gozava ou não (*spoiler*: se você não sabe identificar um orgasmo é porque provavelmente nunca teve um). Entre as dificuldades estava o fato de que ela não tinha coragem de fazer sexo oral no marido ou de tentar posições diferentes. Qualquer coisa que fugisse um pouco a um roteiro escrito lá na lua de mel, ela já estranhava. O marido não se queixava da mesmice e parecia amoroso. A vontade de mudar era bastante dela.

Essa mulher trazia histórias muito vivas na memória de como sua sexualidade havia sido podada pelos pais. Ela lembrava de ter sido uma criança muito curiosa a respeito do corpo e de suas reações, e de ter sofrido castigos por isso. Uma surra, por exemplo, por ter examinado a vulva da irmã, debaixo da escada de casa. Ou um safanão por insistir em manter as mãos para dentro do lençol. Porém, acima de tudo, lembrava de ter sido duramente repreendida pelo pai na primeira vez em que viu um pinto na vida.

O pinto, no caso, era o do próprio pai, que escapulia por uma fenda do pijama feita para que ele pudesse fazer xixi sem ter que tirar toda a roupa. Uma noite, quando o pai se debruçava sobre sua cama para lhe dar um beijo de boa noite, a menina afastou o tecido do pijama com o dedo, abrindo a fresta. O pai ficou irado. Ela ficou dividida: assustada pela bronca, mas fascinada pela descoberta. Apesar do castigo que recebeu, só pensava na próxima oportunidade de abrir aquela fenda, no entanto, desde então, a mãe usou a máquina de costura para fechar todas as braguilhas abertas dos pijamas do pai. Essa mulher lembrava até disso: da mãe dando pontos nas fendas das calças para que ela nunca mais vislumbrasse um falo desavisado.

A família não era nada religiosa, era apenas rigorosa, severa. Achava que sexualidade era aquela entre adultos sérios e casados, praticada num quarto à noite. Brincar com o corpo, abrir o pijama do pai, pesquisar o que havia debaixo dos próprios lençóis, tudo isso era falta de modos e sem-vergonhice. A menina cresceu e logo passou a reproduzir esse pensamento não com filhos, que não teve, mas com seus alunos.

Ela era uma daquelas professoras rigorosas de filme, sempre com uma régua nas mãos. Dava aulas a alunos da alfabetização e não tolerava nenhuma gracinha, muito menos brincadeiras de toque solitário ou nos colegas. Já sua irmã enveredou pelo caminho oposto e, aos 17 anos, fugiu com um motorista de caminhão, de quem engravidou pouco antes de ser "largada" por ele (frase que minha paciente gostava de enfatizar).

Essa mulher não tinha uma palavra positiva para descrever essa irmã. Era a mãe solteira, a transgressora, a que nunca conseguiu um relacionamento estável e pulou de casa em casa. Ao passo que se ressentia da repressão dos pais, ela reproduzia essa mesma repressão num grau ainda mais alto. Se sua mãe costurava as fendas do pijama, ela estava mais para trancar todo mundo em um cinto de castidade.

Sua descrição do sexo do casal seguia um protocolo mais rígido do que os dos nobres de Versalhes. Eles primeiro jantavam, ela então oferecia um licor, eles bebiam no sofá. Em dia de licor, o marido sabia que era melhor ir direto para o quarto, sem passagem pela televisão. Eles transavam antes das 21h, que era para ninguém acordar cansado. Sempre as mesmas três posições organizadas em uma sequência fixa e imutável. Se a coisa estivesse animada demais, ela deixava que ele fizesse sexo oral nela, ao que nunca retribuía.

— Mas com o meu amante, eu faço de tudo. Engulo esperma, faço sexo oral, enfio o dedo no cu dele.

Quando ela falou isso, eu quase caí para trás. Era a mesma mulher? A declaração veio totalmente sem aviso, tanto dessa primeira vez quanto de todas as outras em que ela virava a chave completamente e desatava a falar desse amante e de todas as "loucuras" que faziam.

O amante em questão era um ex-paquera da adolescência que ela havia reencontrado quatro anos antes, na fila do mercado. Ele havia ficado viúvo muito cedo e morava sozinho na outra extremidade do bairro. Com ele, essa mulher satisfazia não só seus desejos sexuais como sua vontade de se sentir liberada. Eles de fato faziam tudo o que ela me declarou naquele rompante: ela fazia sexo oral nele sem nenhum constrangimento, tentou pela primeira vez o sexo anal e achava o máximo do máximo o fato de ele gostar que ela inserisse o dedo no ânus dele antes de gozar.

Mas pergunte se ela gostava tanto assim de fazer todas essas coisas que enxergava como o cúmulo da safadeza. A verdade é que não. Na prática, não gozava com nenhum dos dois, mas aproveitava melhor as noites com o marido do que aquelas tardes de loucura com o amante. Que é uma coisa bastante comum: pessoas que fazem de um tudo na cama só para se enxergarem como pessoas que fazem de um tudo na cama. Esse fazer de um tudo é como uma lista de afazeres, de pontos turísticos a serem visitados. Vem de um lugar de cobrança própria, não de desejo. No fim, onde está escrito que a mulher que dá o cu é mais liberada do que a que não dá? Ou que aquela que engole o esperma é "sem nojinhos", enquanto a que não engole é travada? Ter vinte parceiros, transar na praia ou suspenso por um guindaste: tudo é válido se vier da vontade — mas é roubada se vier da cobrança, que muitas vezes é própria. Aquela mulher tão rígida achava que podia comprar sua inserção no mundo da sacanagem ticando todos os itens. Não é bem assim, embora não deixe de ser interessante ver o que ela enxergava como "sacanagem".

Essa cisão que ela fez entre "eu com o meu marido" versus "mas com o meu amante..." foi se expandindo para muitos campos da vida. Tinha horas que ela falava da irmã num tom tão rancoroso, tão julgador, pelo fato de essa irmã ter tido vários namorados sem nunca ter se casado. Daí eu retrucava: mas mulher, você vai sair daqui e vai para a casa do seu amante. Ela dava risada, e dizia: "Verdade, né? Sou muito pior!" E adotava um tom mais liberal. Dali a vinte minutos, voltava a ser a bedel da escola.

Meu trabalho com ela foi no sentido de conciliar esses opostos e ver o que daquelas tardes de loucura seria bom levar para o quarto do marido. Não que a conciliação seja um imperativo: muita gente erotiza justamente essa cisão e vai levar uma vida prazerosa segmentando o sexo entre o casamento e a cerca. Mas não era o caso dela. A função do amante era claramente a de fazê-la se sentir uma mulher liberada. Seu desejo real era ter uma vida sexual legal com o marido e parar de ser bedel do mundo, reconciliando-se tanto com essa mãe castradora quanto com essa irmã contraventora.

No nosso um ano e meio de psicoterapia, fizemos vários exercícios de conhecimento do próprio corpo e do próprio desejo. Em certa medida, foi como se retomássemos a jornada de investigação que os pais interromperam lá na infância. Também fizemos exercícios com o marido. Rituais podem ser eróticos. Mesmo a própria repetição pode ser erótica. Mas se há vontade, por que não inserir novas etapas? Foi o que fizemos na rotina deles, variando os ambientes da casa, criando novos roteiros que dialogassem com aquele mais antigo. Eu também recomendei que ela procurasse uma massagem tântrica para ajudá-la a descobrir o gozo. No fim, o amante foi para o espaço. Não era algo que ela curtia muito. Na verdade, era apenas uma muleta.

Mas, talvez, a etapa mais importante tenha se dado muito longe de um quarto. Foi quando ela resolveu pegar a mãe, já bem velhinha, a irmã e a sobrinha, e levar todas à casa de praia para um fim de semana de imersão com as mulheres da família. No fundo, o que essa mulher fez foi parar de se ver como o juiz da mãe e da irmã e passar a enxergar-se como um meio-termo das duas, pegando o que podia ser positivo da experiência e do temperamento de cada uma delas. Foi um caminho muito bonito que, como em tantas histórias clássicas, a levou de volta para casa.

O PRAZER DA ACEITAÇÃO

Talvez você comece a ler essa história e ache que é um relato sobre quebra de padrões. No entanto, é justamente o contrário: é uma história que mostra como os padrões que nos fascinam, por esse ou por aquele motivo, vão se reproduzindo na nossa vida quase que espontaneamente.

Os personagens da história hoje têm quarenta e cinco e quarenta e seis anos. Casados há vinte anos, eles têm dois filhos, uma casa confortável e uma vida sexual não inteiramente insatisfatória, mas que sem dúvidas poderia ser melhor.

Ela é dentista, linda, morena, nasceu na Espanha, passou a infância na Argentina, a adolescência entre o Chile e o México, até se mudar para o Brasil. Sempre foi *a mais* interessante dos grupos, *a que mais* tinha histórias para contar. De família espanhola um tanto quanto tradicional, cresceu mais livre do que o normal muito por conta desse trânsito internacional. Numa festa da escola, com uns treze anos, uma menina se enciumou da popularidade da estrangeira e apelidou a ela e a seu séquito de admiradores masculinos de Branca de Neve e os sete anões.

Enquanto ela partia dessa experiência de sete admiradores numa festa aos treze anos, o marido, se teve sete paqueras na vida foi muito. Não que fosse feio ou desinteressante, muito pelo contrário, mas era mais retraído, compenetrado. Filho de imigrantes portugueses e herdeiro de uma ética de trabalhador, de não olhar muito para os lados, de não alimentar firulas e de ser um pouco machista. Idealizava o amor romântico como forma de relação, embora, no íntimo, lhe encantasse a transgressão. Não sei se apesar disso ou se muito por conta disso, a família tinha uma pequena rede de motéis. É quase um paradoxo ter como empresa da família um reduto de prazeres e ser assim tão pouco sensível ao tema.

Antes da esposa, esse homem havia tido duas namoradas. Uma, namoradinha de adolescência. A outra, uma irmã do cunhado que veio de Portugal para estudar no Brasil, mas que ele sentia que havia uma ideia implícita de casamento arranjado entre as famílias. A ideia de arranjo lhe parecia esquisita, mas não o suficiente para não namorar a garota. O problema é que ela não era exatamente divertida e, além do mais, sempre que os dois davam um amasso mais bem dado na casa dos pais dele, ela fazia questão de deixar a porta aberta, meio que para forçar um clima de agora-vão-ter-que-casar.

O casal se conheceu quando ela tinha vinte e um e ele tinha vinte e dois anos. Foi no mesmo dia em que dispensou de vez a portuguesa e foi afogar suas mágoas numa festa da faculdade. Àquela altura, ela fazia artes cênicas. Ele, engenharia. Começaram a namorar em três dias. Em três meses, transaram. Ele era virgem. Ela, não. A estreia aconteceu numa casa de praia alugada e foi tudo lindo, porém, ela relata ter acontecido uma ejaculação mais do que precoce da parte dele. Óbvio que a situação, recheada de ansiedade e expectativas, não favorece um rapaz a ter um controle ejaculatório fenomenal, ainda mais por ter sido a sua primeira vez. No entanto, essa dificuldade o acompanhou por todo o tempo e até hoje, e ele nunca quis procurar ajuda.

Desde o primeiro dia, ele parecia decidido a ficar com ela. No primeiro mês, já dizia que a amava. Quando transaram, já era a mulher da vida dele. Apesar de ela ter tido seus sete ou quatorze anões antes disso, acabou se apaixonando por ele também. O problema é que aquele amor todo, juras e palavras quentes, não tinham um correspondente tão caloroso na cama. Ele nunca pediu a ela sexo oral nele, e quase não fazia nela. Ao longo de cinco anos de namoro, ela nunca se sentiu muito satisfeita sexualmente. Ele, além da dificuldade em se soltar, criar, variar posições e práticas, tinha uma latência ejaculatória curta, ou seja, pouco tempo entre iniciar a excitação e ter vontade de gozar, além de ter muita dificuldade (ou falta de prática) em controlar a ejaculação.

Depois desses cinco anos românticos, porém pouco produtivos no campo horizontal da vida, ele viaja para Portugal meio sem data para voltar e ela dá a relação por terminada. Informalmente solteira, a moça dá seus passeios. Sai com uns caras irrelevantes e, num dia de fraqueza, dorme com o chefe quase vinte anos mais velho.

No dia seguinte, depois de quase três meses longe, o namorado resolve voltar. E volta cheio de amor para dar. É presente de Portugal, jantar romântico, a aliança que era da avó. Ele a pede em casamento tão logo desembarca, a leva a um motel, pede champanhe. O sexo continua aquilo, mas o amor é grande.

Com a informação fresca na memória de que sexo era bom e ela gostava, a moça não estava muito decidida a casar com o gajo. Entretanto, pense no homem que você ama te oferecendo o anel da avó...

Esse dilema entre afeto e prazer não durou muito tempo porque ela logo descobriu que estava grávida. Restava saber de quem: do chefe ou do namorado? Ela abriu o jogo com os dois envolvidos. Enquanto o chefe lidou superbem, disse que não esperava por isso, mas que assumiria o filho sem problema, esse namorado simplesmente surtou. Misturou inseguranças antigas com um ultraje por ter sido "corneado", mesclado com machismo pelo fato de a moça não saber de quem era o filho... Surtou. E não surtou calado. Falou para a mãe dele, para a mãe dela, para o cunhado. Em pouco tempo, as duas famílias, agregados e até conhecidos sabiam da história.

A gravidez foi uma tragicomédia. O namorado saia e não saia de cena. A levava ao trabalho, mudo, calado, uma estátua completa. O chefe, por outro lado, aparentava normalidade e a tratava com carinho, acompanhava ela ao médico, perguntava dos exames. Não ficaram mais juntos, mas ele agiu de modo exemplar.

No dia do parto, o português dá as caras, as duas famílias também. Ele pede um DNA da criança, ao que ela consente, mas não quer ver o resultado. Até hoje, não sabe, mas intui. Quando a criança completa cinco meses, os dois se casam. Ele fica com a filha e para de trabalhar. Transar deixa de ser até um assunto, do tanto que está distante deles. Um ano depois, é ela quem para de trabalhar e assume a casa, enquanto ele volta ao seu ofício. Eles ficam nesse revezamento — parece que os dois nunca podem estar juntos, ali, na mesma página.

Essa é uma realidade em muitas relações conjugais. Por diversas razões, que vão desde a dificuldade da convivência e de partilhar um cotidiano, à necessidade de preservar privacidade e autonomia, e até para estimular o desejo, alguns casais precisam de um certo afastamento para conservarem-se unidos. Embora não fosse o caso deles, que estavam mais para buscar no mundo combustível vital, que sempre arrefecia quando voltavam àquela vida familiar. Algumas pessoas só desejam o inalcançável, e ir e vir em uma relação pode gerar tensão suficiente para tal. Como na história lendária e romântica de Tristão e Isolda, o casal apaixonado que desejava ardentemente estar junto, mas que perdia o interesse quando isso acontecia.

Com dois anos de casados, eles resolvem se dar uma lua de mel. Ou uma "lua de chance", como ela colocava as coisas. Foi o suficiente para engravidarem do segundo filho. Daí essa mulher se anulou de vez. Engordou muito, teve depressão, se sentiu carmicamente presa a um relacionamento insatisfatório na dimensão erótica do termo. Ele compensava sendo muito companheiro, paizão, ajudando em tudo o que podia, e, embora fosse também isso o que ela sonhava para a vida — um companheiro —, ela era, nas suas próprias palavras, "uma sem-vergonha", e a última coisa que ele estimulava nela era esse lado devasso. Ela queria mesmo era um amante "caliente", ou as duas coisas numa só pessoa.

Foi nesse período que ela me procurou, com a autoestima no pé, sentindo-se perdida, com raiva da vida e um sentimento de culpa por isso. Ela gostava de ser mãe, mas estava exausta e tinha outros desejos e necessidades que filhos definitivamente não preenchiam. Ela olhava em volta e tinha tudo: um marido bem legal, dois filhos saudáveis, uma vida confortável, mas nada disso aplacava sua angústia, produzida pela falta de reconhecimento, por ter-se perdido de si mesma.

Passamos algum tempo no resgate de sua alma aventureira, ousada e curiosa, e tentando fazer uma conexão possível entre suas várias facetas. Expurgando culpas ancestrais, do tipo que leva uma mulher a se açoitar quando dá graças a deus de passar boas horas longe das crianças, desejando tudo, menos cuidar e brincar com elas. Tentando apimentar o sexo com o marido e aceitando que, no fim das contas, ele não era bom "de pegada", ao menos para ela, e que nem por isso o sexo era de todo ruim. Perdoando a si mesma, pelas escolhas que nem sempre saberemos se foram as melhores, pelos acasos, por ter deixado o tempo revesti-la com uma camada de gordura que lhe pesava muito mais na alma. Reconhecendo gostos, identificando habilidades, revisitando a história feminina de sua família de origem e reeditando a sua autoimagem. Convidei o marido algumas vezes, principalmente para tentarmos um trabalho com foco na melhora da satisfação sexual, mas sem sucesso.

O momento de heureca foi quando ela enfim entendeu que na concepção dela as coisas funcionavam em uma escala maior. Parou de esperar que o marido e a vida familiar lhe preenchessem suas lacunas e acabou se abrindo para outras coisas e pessoas. No começo, nem era um amante. Voltou para a faculdade, resolveu cursar odontologia e se encontrou na amizade com uma colega. Não era nada erótico, mas uma amizade muito forte, de um tipo raro de se fazer nessa fase da vida. Aliás, muitos amores começam aí, no encontro das afinidades, quando duas pessoas se encantam por um trabalho em comum, um esporte, um lazer. Quando menos se espera, a presença do outro, com quem se pode partilhar gostos comuns, vai ficando forte e necessária. Ela, que estava muito tempo envolvida com filhos e a casa, agora tinha uma amiga que lhe estimulava, lhe preenchia intelectualmente, uma parceira inteligente, comprometida e divertida. Só não havia tesão.

Durante toda a faculdade, fica muito distante da casa, dos filhos, um tanto ressentida por ter engordado. Como sempre, se um sai, o outro volta ao lar, e foi isso que o marido fez, ocupando os espaços privados com dedicação.

Sai o marido, entram os pacientes. Ela começa a atender, ingressa no mestrado. Ainda se sentindo "gorda", nas suas palavras, mas bem mais feliz, conhece um sujeito lindo, solteiro, doido por ela, embora não apaixonado, e começa a ter um caso ardente com ele.

Questões dessa natureza, a ambivalência afetiva entre o amor companheiro e o amor erótico acontecem a todo tempo. Você pode se perguntar: Por que ela não se separou, já que não estava satisfeita sexualmente com o marido? Por que escolheu ser infiel? Parece fácil para quem nunca passou por uma situação dessas, julgar e tecer considerações teóricas sobre justiça, moral e conduta, mas, na real, é muito difícil escolher entre um amor construído, fraterno, que tem história, que leva em consideração a conveniência, e outro novinho em folha, cheio de tesão e criatividade. É muito fácil ser monogâmico quando se está apaixonado, ligado ao outro de maneira simbiótica; depois é sempre mais difícil, porque o apelo do desejo e dos interesses pessoais sempre podem mudar os ventos, virar a vela e colocar o barco em outro curso. Então, passado o sentimento de culpa, pela leviandade, pela quebra do contrato de lealdade, ela decidiu que merecia viver aquela história. Passou a olhar mais para o seu corpo e o erotismo. Decidiu que deveria emagrecer, não para seguir um padrão estético de beleza, mas para sentir-se mais confortável. Investe em si mesma, recupera a autoestima e a própria sexualidade (afinal, oito anos com um marido indiferente não deixaram essa moça se sentindo o máximo).

Quando o caso ardente com o lindo começa a esfriar, ela vai a uma festa de amigos da faculdade e... Tecnicamente, nossa história poderia começar aqui. Nessa festa, ela reencontra um antigo colega que era casado e tinha dois filhos. A mulher dele tinha tido uma série de problemas de saúde, uma menopausa precoce, e isso havia abalado a parte sexual do casamento. Ela e o colega iniciam, já naquela noite, um caso longo que duraria pelo menos quatro anos.

Lá vamos nós de novo revirar o casamento, os limites, a fidelidade, um possível divórcio. Mas, desta vez, ela fazia uma cisão mais racional: marido e filhos, uma coisa; sexo divertido, outra.

Entre os dois, o sexo é bastante livre e envolve cumplicidade, mas não amor. Logo no começo, eles começam a fazer piadinhas sobre inserir alguém na relação e, após um ano, ele sugere que esse alguém seja seu cunhado, marido da irmã gêmea de sua esposa. Era transgressão em cima de transgressão. Caso de novela. "Taras" à parte, eles passam três meses negociando a entrada desse cunhado, que se encontra num estado entre estupefato e animadíssimo.

No dia em que o cunhado entra em cena, dá tudo mais do que certo. Ela é branquíssima, os dois muito morenos. Se sente uma Cleópatra, uma versão adulta de sua Branca de Neve e os Sete Anões. Com o passar dos meses, no entanto, a brincadeira a três se revela em sua complexidade. Ciúme das conversas bilaterais. Ciúme dos dois juntos no almoço de domingo. Ciúme da amizade embolado com ciúme do sexo de quem veio antes, aquela coisa toda. Mas, no meio dessa ciumeira, há desejo, cumplicidade e uma amizade muito gostosa entre os três. Eles formam um grupo de WhatsApp bem divertido, descobrem muita coisa em comum.

Sem nomearem a situação dessa maneira, ela, com os dois amantes, estabeleceram um tipo de relação baseada no Poliamor: tinha compromisso, transparência, afeto, consentimento. Ela namorava os dois (e ainda tinha o marido, o único excluído desse "trisal"), na cama e fora dela, com contatos frequentes por mensagens de texto. Era muito mais que tesão, que fantasia; no entanto, ela insistia que era o sexo que movia o enredo.

Com o tempo, a coisa anda e desanda na mesma velocidade. É difícil para ela coordenar os dois, fazer dupla penetração, dar conta de dois. Aos poucos, o cunhado, que não tinha problemas no casamento, perde um pouco o interesse e se retira do jogo, embora nunca se retire do grupo de mensagens. Já o amante original se separa da mulher e começa a tratar minha paciente com a chave virada na afetividade, na confidência, o que esfria um pouco as coisas.

Foi um momento difícil, pois eles estavam prestes a mudar de etapa, adentrar o mundo da intimidade sem paixão, coisa que ela já tinha com o marido. Trabalhávamos suas ambivalências e ela me dizia: eu não estou apaixonada por ele, mas ele faz parte da minha vida. Foi talvez o momento mais intenso de nosso processo, quando ela precisou guardar a jovem mulher e deixar entrar uma nova fase em sua vida.

Pensamos, quando jovens, que nossa felicidade depende de outro. Que necessitamos de alguém que nos dê o que nos falta, que cuide de nós e nos alegre a vida. É um pensamento um tanto egoísta porque a juventude é assim: centrada em si mesma e no seu próprio prazer. Uma relação se supõe que deva ser única, exclusiva, fiel e o "amor" deve ser o mesmo que no princípio, cheio de expectativas e emoções intensas e encontradas.

O "dever ser" da moral, das convenções sociais e a idealização do que deve ser um casal não permite nos conectarmos com nossa humanidade. Esse ser humano imperfeito, nada lógico e com desejos pulsantes inibe e se enquadra para aquilo que se supõe deva vir a ser. Começamos nossa vida querendo nos adequar e, então, quando menos se espera, quando tudo parece certo, algo acontece. Com o tempo, as experiências e a aceitação de sua vivência podem tranquilizar a alma, aceitando que somos únicos, como todos os demais. Uma vez superada essa etapa, a que ela se sentia sempre insatisfeita (uma característica que ela havia herdado da mãe), reconectar-se consigo havia sido mais prazeroso do que o próprio sexo. Sentir-se bem, cuidar de si mesma, surpreender-se com as próprias habilidades (aceitando como parte do encanto pessoal), ter consciência das suas fortalezas e habilidades, foi a sua manutenção orgástica, talvez um tanto narcisista, mas boa para ela.

Hoje, o amante ficou no passado e ela só fala esporadicamente com o cunhado dele, que acabou virando seu amigo e conselheiro. Não teve mais nenhum relacionamento digno de nota e o sexo deixou de ser um tema tão importante. Entende sua jornada como a busca pela aceitação: com os limites do outro, com a própria identidade. Quando aceitou a sua humanidade, pôde, por exemplo, aceitar o marido como ele é.

O mais curioso, enfim, foi que o tempo, ao deixar as marcas inevitáveis, como rugas e cabelos brancos, a transformou em uma pessoa mais feliz. Desde que se sente assim, está mais atrativa para o sexo oposto e com frequência ri de si mesma: *"Agora que já não busco, me oferecem..."*

PARTE 2

INADEQUAÇÕES E DISFUNÇÕES SEXUAIS

Nem sempre uma pessoa que apresenta uma disfunção sexual ou outro transtorno da sexualidade sente-se inadequada. É possível, por exemplo, que um casal se ajuste à determinada prática sexual mais específica de um dos parceiros, ou que uma disfunção seja "adaptada" ao *script* sexual do casal. A inadequação sexual está mais ligada às insatisfações individuais postas em contato com o outro, nas relações, e que tornam a atividade sexual "um problema". Queixa comum, por exemplo, é o ajuste da frequência sexual de um casal, que pode ser avaliada como "inadequada" por um dos pares. Uma inadequação sexual pode transformar conflitos em sintomas ou reforçá-los.

Disfunções sexuais referem-se a perturbações clinicamente significativas na capacidade de uma pessoa responder sexualmente ou de experimentar prazer sexual. Dentre as disfunções sexuais femininas e masculinas estão: transtorno de interesse/excitação sexual feminino; transtorno do orgasmo feminino; transtorno da dor gênito-pélvica/penetração; transtorno do desejo sexual masculino hipoativo; ejaculação precoce; ejaculação retardada; transtorno erétil; disfunção sexual induzida por substância/medicamento; outra disfunção sexual especificada; e disfunção sexual não especificada.

Algumas disfunções sexuais podem ter causas físicas, como as que são motivadas por inflamações e doenças genitais, questões hormonais, doenças crônicas e uso de substâncias que interferem na sexualidade; ou emocionais, como as que acontecem por questões relativas à identidade sexual, problemas com autoestima, traumas, conflitos conjugais; e as que são resultado de uma estimulação sexual inadequada, frequentemente causadas por crenças errôneas e informações indevidas sobre o funcionamento sexual. É comum que uma disfunção tenha mais de uma causa, pois corpo e mente estão sempre interligados.

O tratamento das disfunções sexuais pode envolver mais de um profissional. Médicos são os indicados para fazer exames dos genitais, bem como pesquisar e avaliar questões hormonais, e podem também orientar, esclarecer e oferecer terapia sexual quando têm especialidade na área. A terapia sexual é um tipo de trabalho clínico breve, que, além de buscar compreender quais os significados e vivências que integram a sexualidade de uma pessoa e casal, utiliza ferramentas que são oferecidas ao paciente, para que, de maneira gradual, melhore seus sintomas. Os psicólogos especialistas em terapia sexual são os profissionais mais indicados para esse tipo de tratamento. Outros profissionais podem auxiliar em disfunções específicas, como fisioterapeutas e médicos psiquiatras.

Algumas universidades e hospitais-escola oferecem serviços gratuitos ou com honorários simbólicos, em seus ambulatórios, para vários transtornos da sexualidade. Como a sexualidade é um dos indicativos de qualidade de vida, é importante procurar ajuda!

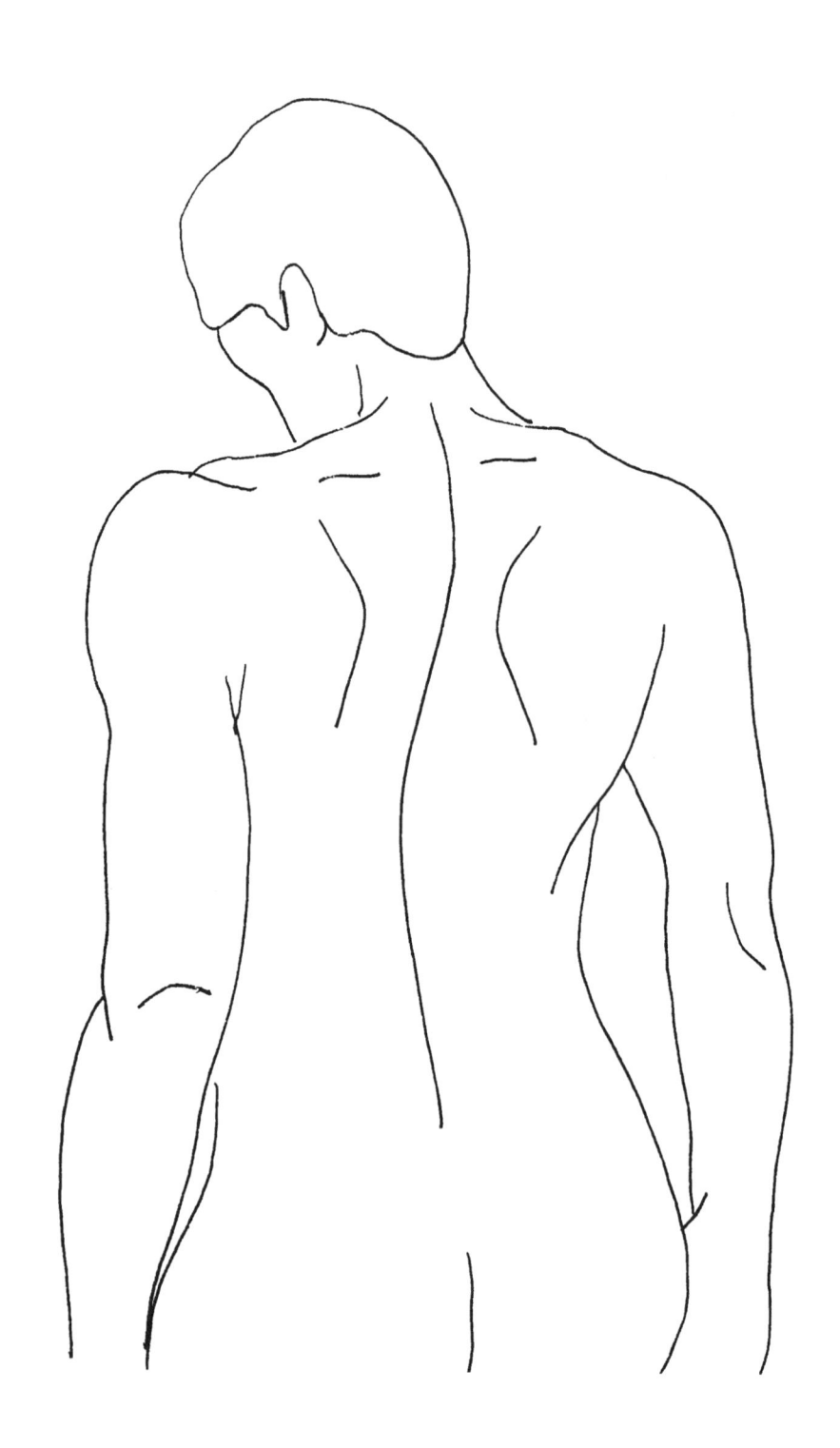

TAMANHO P

Esta história tem uma graça especial para quem já fez psicoterapia e está familiarizado com o conceito de transferência. É que, durante o processo, é comum que o paciente recrie com o terapeuta relações da vida dele. Na maior parte das vezes, sem ter consciência disso, espera-se que o terapeuta passe a exercer o papel de mãe, pai, parceiro ou de qualquer outra figura com quem a pessoa tenha vínculos afetivos importantes. Por isso é normal que, em algum grau, se crie fantasias, afetos, mas também raiva ou repulsa, em relação a nós.

Por ser um dos poucos em que atendi adolescentes, este caso é muito querido na minha memória. Devido a uma série de fatores que envolvem desde grana até conhecimento e coragem de enfrentar o problema, não é tão comum que um adolescente busque um sexólogo logo de cara. Entretanto, esse menino era especialmente articulado e bem informado, e não hesitou em me procurar com uma demanda que parecia absolutamente concreta: pinto pequeno.

Como pênis pequeno é um dado da realidade — existem, no mundo, pintos pequenos —, eu comecei partindo do pressuposto de que a impressão dele correspondesse à verdade. Em casos assim, dá para trabalhar posições em que a penetração é mais profunda e compensa o tamanho; dá para falar sobre como usar vibradores, dedos e língua como aliados; e como construir uma autoestima e uma masculinidade menos dependentes do tamanho do falo. A questão é que logo ficou claro que ele mesmo não acreditava que o pinto fosse assim tão diminuto.

A partir daí, começamos um trabalho investigativo. Ele já tinha visto outros pênis para comparar? Sim, mas nenhum parecia com o seu. Poderia me apontar, aqui neste livro, com trocentas fotos de membros, qual seria semelhante ao seu? Nenhum. Era um pinto muito específico, na visão de seu dono. Objetivamente, o tamanho estava dentro da "normalidade": quatorze centímetros em ereção, comprimento condizente com a média brasileira. Mesmo assim, resolvi encaminhá-lo para um urologista amigo meu, que cravou sem hesitar: é um dos pintos mais comuns que já vi na vida.

Nem assim o rapaz sossegou. Agora o problema já não era o tamanho, mas que o membro tinha "cara de pinto de criança". Aos dezoito anos, com espinhas no rosto e módulo do cursinho debaixo do braço, o que exatamente ele esperava? Um pinto maduro?

Eu me divertia com esse caso, porque era bastante característico de como a masculinidade opera. O garoto pegava todas as inseguranças dele com essa passagem para a vida adulta, com ainda ter um pouco de aparência e de jeito de criança, e depositava no dito cujo. Assim como não havia nada errado com o pênis, também não havia nada errado com ele. Era superbonitinho, estudioso, queria cursar engenharia numa faculdade difícil de passar. Um pouco inexperiente, não havia tido namoradas, apenas algumas incursões a casas de prostituição e uma paixonite por uma vizinha de quem mal conseguia se aproximar.

Nos meses em que o atendi, criamos uma relação muito legal. Eu, na época, tinha trinta anos e muito carinho por aquele rapaz que queria ver no pênis uma maturidade que apareceria nele mesmo. Um dia, ele chegou ao meu consultório de moto, debaixo de uma baita chuva. Foi ao banheiro, se secou um pouco, sem grande sucesso, e, quando foi sentar na poltrona da minha sala, perguntou: *Ana, posso tirar a calça para não molhar o seu sofá?* Minha vontade era de dar risada, mas apenas expliquei que não, claro que não, vai ao banheiro se secar direito, menino. Ele ficou constrangidíssimo, se secou por vários minutos e depois retomamos.

Não acredito que ele tenha se dado conta, no rompante da situação, que estava propondo ficar de cueca durante uma hora. Talvez colocasse uma almofada ou duas por cima, mas, em algum momento, teria noção da realidade. É claro que de algum modo ele queria me mostrar o pinto. Por exibicionismo, projeção, para ter um aval, um carimbo, o A+ da professora. Não levei a mal, ficou como mais um daqueles momentos em que a gente se vê diante de um desejo que nos é direcionado. Mas não seria eu a mulher que lhe diria se o seu membro era devidamente adequado ou não.

A psicoterapia o ajudou a ter mais segurança. Acompanhei seu primeiro e importante namoro, e nenhuma reclamação dela quanto ao tamanho e a "cara" de seu pênis. Mais outras experiências sexuais vieram e o fantasma diminuiu. Passamos muito mais tempo trabalhando sua autoestima, suas expectativas sobre sexo, afeto e relacionamento, seu ideal masculino, as frustrações da vida.

Quanto ao *pinto de criança*, ele nunca arredou o pé desse diagnóstico. Procurou se desenvolver como exímio amante, investindo e preocupando-se com o prazer das mulheres com quem se relacionou. Ainda soa um alarme em sua cabeça quando uma mulher quer partir logo para a penetração, limitando suas carícias. Fica tenso, mas, "me garanto, né, Aninha?" Hoje, já é homem feito, mora sozinho, trabalha e está namorando. É vida que segue.

Quando o vi, recentemente, para ler este texto, veio ao consultório com a namorada, uma moça bonita e simpática a quem convidamos, a pedido dele, para partilhar o conteúdo. Foi a maneira que ele arrumou para confessar a ela esse seu sentimento de inadequação. Ela riu, surpresa: *Sério que você acha que tem pinto pequeno?* No que ele respondeu:

— *Eu sei que não é...mas é.*

Que fique registrado, a pedido dela, que o pênis dele é "deliciosamente" adequado.

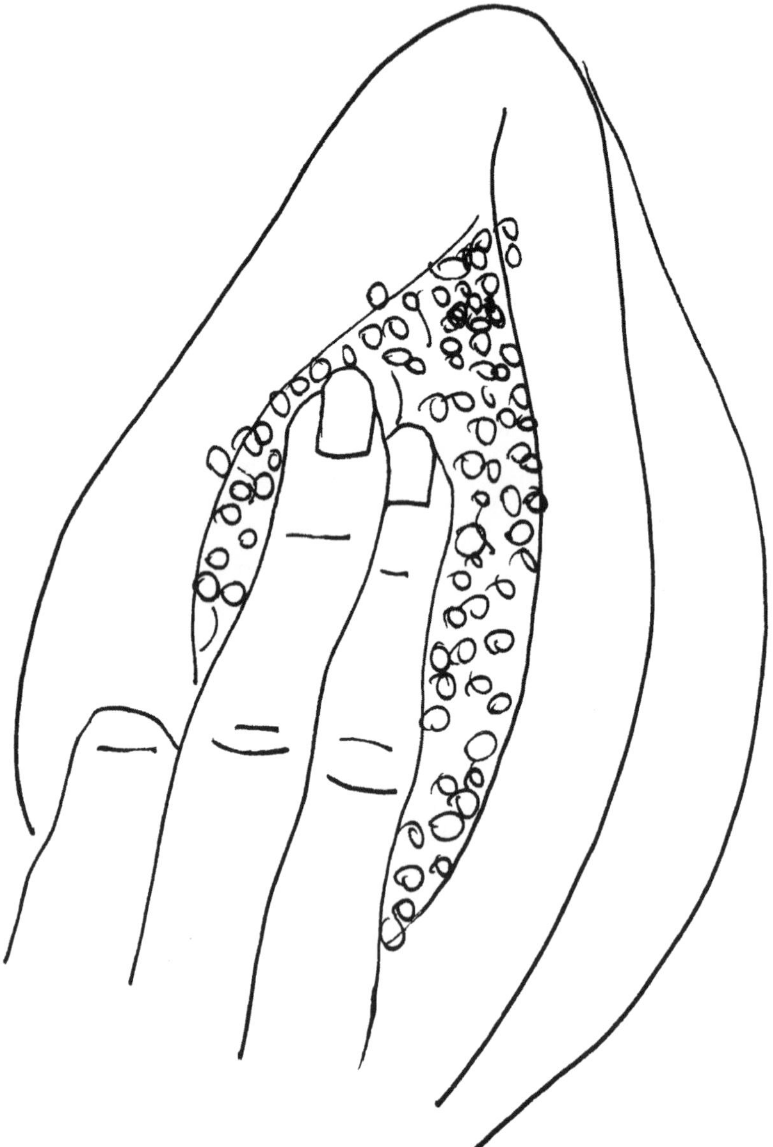

UMA CORTINA, UM CLITÓRIS E UMA CESTINHA DE PÃES

Agora uma história rápida e sensível de tempos em que a informação corria em outra velocidade e sexo não era assunto de cinquenta programas de tevê, cem de rádio e de basicamente toda mesa de bar.

Foi bem no começo da minha carreira, há umas vinte e cinco voltas do novelo da vida. O Brasil não devia ter mais de cinquenta sexólogos em exercício. Desses, uns cinco falavam bissextamente na imprensa. Eu era um deles e, após uma entrevista no rádio, uma mulher muito simples, na casa dos trinta anos, faxineira e mãe de dois filhos pequenos, me procurou no consultório.

Lembro-me que a entrevista tratava sobre o desejo sexual feminino e a permissão para o prazer. Eu explicava o quanto as mulheres tinham dificuldade de compreender o corpo como sendo erótico, autônomo e não um prolongamento do macho. Que haviam sido reprimidas em seu desejo e seu comportamento, sofrido interdições e punições, e que estiveram por séculos sendo bombardeadas por estereótipos propagados culturalmente. Que, por exemplo, as princesas de histórias clássicas, como *Cinderela*, *Branca de Neve* e *A Bela Adormecida* nunca escolhiam seus pretendentes, mas estavam sempre esperando serem escolhidas por príncipes que, na verdade, nem bem conheciam. E que para serem as escolhidas precisavam, além de ter dons como a beleza, a generosidade e a castidade, saber fazer todos os trabalhos domésticos; afinal, esse era o modelo da "mulher de família", "a mulher para casar". Nem sei quantas princesas submissas eu malhei nessa entrevista; foi quase um volume inteiro de alguma coletânea dos Irmãos Grimm; o fato é que em algum momento a "Bela Adormecida" resolveu acordar, sozinha, de seu sono profundo.

Ela não fazia ideia do quanto custava, mas desconfiava que não poderia pagar. Queria discutir o preço antes de me contar seu problema. Cobrei dela o mesmo que ela ganhava em meia faxina, um valor bem abaixo do que custava a minha sessão. Parece pouco? Pense bem: para chegar ao consultório ela tomava três conduções. A sessão inviabilizava um dia inteiro de seu trabalho e lhe custava mais meio dia de uma próxima faxina. Deve ter sido o menor preço que já cobrei de um paciente, mas que ao mesmo tempo era o maior, guardadas as devidas proporções — porém, na época, foi o que achei justo.

Comecei do início: perguntei de seu histórico, desejos, família, da relação com o marido, com quem estava há sete anos, da maternidade, dos ex-namorados. Ela não se masturbava. Um pouco por falta de interesse, um pouco por falta de privacidade: vivia numa casa de três cômodos. Era cozinha, banheiro e um quarto/sala dividido com o marido e com os dois filhos, de um e três anos. O sexo era mudo durante o sono dos filhos ou rápido enquanto uma vizinha cuidava deles. Mesmo assim, ela e o marido eram muito apaixonados e gostavam de transar, mas ela sentia que ele tinha muito mais prazer naquilo do que ela e queria saber de mim se era assim mesmo, se isso acontecia porque ele era homem e ponto.

Primeiro expliquei que o prazer do homem, obtido na penetração, pode ser bem diferente do feminino, e às vezes mais performático. Ela me devolveu dizendo que a questão era que o prazer dos dois ia indo como numa estrada reta, mas de repente o dele tinha curvas, subia e descia ladeiras, e o dela não. O que ela queria era essa outra parte da viagem.

Fiz perguntas sobre contrações, sobre picos de prazer e foi ficando claro que ela nunca tinha tido um orgasmo. Tinha o prazer do sexo sem experimentar o clímax, como tantas mulheres. Mas ela veio buscar o pacote completo.

Esse foi um caso em que atuei como educadora sexual, mais do que como psicoterapeuta. Problema físico ou psicológico em relação ao sexo ela não parecia ter nenhum. A questão era falta de informação. Levei para ela um modelo de vulva, daqueles que hoje até escolas usam. Expliquei cada parte, apresentei o clitóris, ensinei como ela poderia estimulá-lo sozinha ou durante o sexo, como apontá-lo para o parceiro. Fora isso, sugeri uma cortina grossa separando o espaço dos filhos da cama do casal. E meu pequeno mérito nessa história acaba por aí.

Então, essa mulher capaz de descrever a falta do orgasmo como uma estrada em linha reta e de pegar três conduções para buscar suas curvas foi até o marido explicar o que aprendeu. Tem um negócio no meu corpo que é assim e desse jeito, é pequeno feito um feijão, mas você pode acariciar um pouco, com o dedo, que eu vou gostar. O marido, que poderia criticar o luxo de ela buscar uma coisa que nem os ricos tinham, ou que poderia ter respondido com uma fala machista, ficou feliz com a cortina, com a iniciativa e com o fato de poder ajudar a mulher a ter o seu primeiro orgasmo.

Na semana seguinte, ele, que nunca tinha vindo às sessões, estava junto com ela, carregando uma cesta de pães, bolinhos e flores, que me trouxeram para agradecer e celebrar. Este texto fica sendo a minha cesta para agradecer e celebrar o gesto deles.

ELA SE NEGOU PARA MIM

Em vinte e cinco anos de carreira, ainda não atendi a um paciente que de fato fosse "viciado" em sexo. Esses são casos menos frequentes do que as pessoas pensam. Para que essa fissura por sexo seja considerada um transtorno é preciso que haja de fato um sofrimento diante de um padrão de relacionamentos sexuais repetidos, envolvendo uma sucessão de parceiros sexuais, sentidos pelo indivíduo como objetos a serem usados. Esse padrão "aprisiona" a pessoa em pensamentos obsessivos sobre sexo, o que atrapalha a sua vida profissional e pessoal, tornando-a, inclusive, vulnerável a violência.

Ocorre que, dentro do que consideramos "esperado", os níveis e frequências do desejo variam bastante. Não é incomum, por exemplo, pessoas considerarem seus parceiros como compulsivos ou "viciados" em sexo, sendo que o que acontece de fato é uma distância bem grande no ritmo sexual de cada um. Conciliar essa equação que envolve vontade, afeto e uma boa dose de frustração é um desafio para muitos casais.

Eu já adiantei a vocês que ele não era viciado em sexo, mas queria contar a história desse paciente de trinta e poucos anos que achava que tinha uma compulsão sexual.

Ele era casado, tinha dois filhos e um apetite que a esposa não acompanhava, deixando ambos frustrados.

Do lado dele, as queixas eram de que a mulher "se negava" para ele. "Ela se negou para mim" era uma frase que eu ouvia constantemente durante as sessões. A essa negativa ele atribuía uma falta de conexão, de aceitação. Era como se, ao pôr freio ao desejo dele, a mulher não o estivesse aceitando por completo. Para ele, ao não estar a fim na hora e com a intensidade que ele queria, ela estava em outra sintonia.

A esposa, por sua vez, se queixava da insistência e se sentia sufocada pela cobrança do marido, a quem chamava de carente. Ela era uma pessoa que tinha um interesse sexual bem menor do que o dele, e que perfilava um certo padrão: muitos anos casada, um pouco menos livre sexualmente por ter uma educação, nesse sentido, bem mais repressora. Como amava muito o marido, tinha feito o que podia para suprir a demanda dele, inclusive terapia sexual para aumentar o próprio desejo e interesse por sexo. Quando nem isso resolveu o problema, ela decidiu que era ele quem precisaria se tratar.

É bastante interessante pensar na entrega, como uma manifestação de intimidade sexual. "Ela se negou para mim" é uma frase que demonstra uma percepção sobre o quanto alguém está disponível para o outro. Mas como medir a disponibilidade de alguém? Será que é possível um casal estar em profunda conexão em todas as dimensões da vida? Sexualmente, as pessoas têm fantasias eróticas muito especificas, que nem sempre se encaixam na relação sexual. Seria isso uma "não conexão"? Ou será que o(a) parceiro(a) com intimidade é aquele que permite, pela expressão verbal ou física, que nossos desejos estejam livres? Não seria então melhor pensarmos que estar em conexão sexual envolveria uma certa entrega, um certo abandono, que o outro, para além de ser motivador de desejo e afeto, seja um facilitador do meu erotismo?

    Há pessoas, que por seu histórico pessoal, que envolve também educação, não conseguem se entregar, já que o sexo é um tema espinhoso, desconfortável. Então negam ao outro o acesso, há sempre uma tensão no ar. Uma formalidade que dificilmente é quebrada, que inibe o contexto criativo e lúdico do sexo. Há também os que têm dificuldade emocional para criar um vínculo, de oferecer intimidade, de se deixarem acessar. E para aquele que espontaneamente se entrega, a negação pode ser uma grande frustração. Como eu não atendia a esposa, só posso lidar com a percepção dele, de que de fato ela fosse menos disponível sexualmente, mas que as constantes cobranças dele — fossem na quantidade de sexo, fossem na qualidade da relação —, a colocavam, cada vez mais, na defesa. É comum que alguém muito intenso emocionalmente busque outro mais racional e frio. Já imaginaram duas pessoas mergulhadas no sentimento, intensificando todas as emoções? Ou a aridez de uma relação pouco afetiva, com dois racionais? Em qualquer das situações, nunca é fácil equilibrar. O problema é quando essa dinâmica de compensação na função psicológica que cada um tem na vida do outro entra em desacordo, e as respostas aos conflitos, ao invés de serem positivas, passam a disputar posições. Quanto mais ele solicitava, mais ela se fechava. Quanto mais ela se fechava, mais ele forçava. Até o momento em que ele percebeu que, se ameaçasse ir embora, ela viria.

    Fora da cama, eles eram um casal que dava conta das coisas da vida, da casa e do trabalho, e compartilhavam valores. Tinham uma relação bonita com a religião, que também favorecia o lazer e as relações fraternas.

Sua fé valorizava ainda, para além dos sentimentos de verdade, lealdade e generosidade, a questão da prosperidade. A história pessoal dele, que vinha de uma origem muito pobre e conquistara tudo o que queria, corroborava com essa visão. Eles não tinham a religião como centro da vida, mas certamente era um aspecto importante para os dois, sobretudo para ele.

E foi justamente na igreja que esse homem arranjou uma amante. Ela também era casada e, de início, o que motivou o caso foi um desespero em administrar a própria libido. Ele já havia recorrido à prostituição algumas vezes e se sentido muito mal. Com a amante, com quem estava há seis anos (mais de um terço da duração de seu casamento), existia um sentimento de culpa maior do que com as garotas de programa, afinal, com a amante também havia envolvimento emocional.

A amante funcionava para ele como um espaço de aceitação. Se com a mulher ele tinha muito desejo e pouca "conexão", como ele dizia, com essa outra o desejo era menor, mas a conexão era plena. Trocando em miúdos, o que ele chamava de conexão era o fato de ela querer transar tanto quanto ele, na mesma frequência e intensidade. Depois, veio a descobrir que era essa maneira transparente e espontânea dela que o atraia; os longos momentos de conversa emocional que tinham pós-sexo.

Quando chegou ao meu consultório, esse homem se dividia entre um orgulho muito grande do próprio desejo e uma vergonha do que fazia em nome dele. Entre a culpa pelas traições e por enganar a mulher, e um sentimento de direito e de rancor contra ela, como se a negativa dela a fizesse responsável por aquilo tudo. Seu comportamento em casa oscilava entre tentativas de compensar a mulher e de retaliar a relação.

O amor dele era pela esposa, não pela amante. Mas o amor da amante era por ele, e não pelo próprio marido. Ele sentia que dependia dessa amante até para manter seu casamento. Se a mulher já se queixava do fogo compartilhado, imagine se tivesse que enfrentar o fogaréu sozinha?

Em dado momento, justo quando seu casamento ia muito mal, com muitos conflitos, a amante se divorcia e entra em campanha para que ele faça o mesmo. As promessas de sua gestão são sexo à vontade, conversas na cama, a tal conexão que ele tanto buscava.

Em poucos meses, ele cede aos encantos da amante e decide dar um tempo com a esposa. Aluga um flat, diz que vai pensar. É nesse momento que as duas enlouquecem atrás dele e esse homem tem algo como um mês no paraíso, com visita de uma pela manhã e da outra à noite, a esposa subitamente interessada em transar todos os dias, de todos os jeitos, a amante empenhada em conquistá-lo de qualquer forma.

O que ele sente diante de toda essa entrega da mulher é: raiva. Raiva por ter passado "todos aqueles anos mendigando" e só agora ela se abrir para ele. Raiva do desejo dela, que ele não interpreta de modo amoroso, ou como saudade, mas como uma entrega tardia a qual ele cede com um prazer ressentido.

Depois desse mês no flat em que fez de tudo, menos pensar, esse homem decide fazer uma viagem ao Nordeste com a mulher. Uma espécie de lua de mel da separação. A viagem é ótima, o rancor diminui e um episódio em especial o faz voltar para casa.

Um dia, enquanto passeavam no fim da tarde, eles resolvem entrar numa igreja onde estava acontecendo um culto. Enquanto sobe as escadas da igreja, ele pensa: "Pai, eu sei que o Senhor não vai falar comigo hoje porque eu sou um pecador". Porém, assim que entram, o discurso do pastor é justamente sobre hombridade. Sobre a infidelidade dos homens ser um pecado contra a família.

Aquilo o deixa profundamente abalado. Ele diz que não foi só a fala do ministro — também fez uma "avaliação de risco" de que se demorasse demais a decidir, perderia a mulher que amava, a mãe de seus filhos. Mas o fato é que depois dessa tarde na igreja, ele volta para casa.

Essa volta para casa, no entanto, é marcada por uma transformação radical da mulher. De indiferente, ela passa a carente, ciumenta, pegajosa. É como se as queixas sobre o casamento tivessem se invertido. Ele não gosta nem um pouco disso e começa a tentar fazer com que ela desista dele. Conta a história das prostitutas. Conta como tinha raiva das recusas dela. Ela fica triste, não aceita passivamente, mas perdoa. Seis meses depois, ele já não sabe o que fazer para essa mulher odiá-lo. Sai de casa e volta a sair com a amante.

O que se segue a isso são meses de verdadeira lua de mel com a amante. Ele sente que finalmente conseguiu tudo, a conexão que desejava, uma parceira que o aceitava e por quem não sentia rancor. Isso até o primeiro episódio de recusa.

Um dia, ele estava viajando a trabalho quando sente uma vontade louca de encontrar a amante. Decide alugar uma moto, pilotar por duas horas à noite, durante um temporal. Ele se acha o último dos românticos, quer chegar e encontrar uma resposta à altura do gesto. Quando chega à casa dela, no entanto, a amante quer conversar. Está retraída, cheia de reservas. Esse homem fica frustrado, com um sentimento de *déjà-vu*. É como se ela, nesse momento, estivesse espelhando tudo o que havia de errado no casamento dele. A relação dos dois já não era mais um espaço de aceitação plena.

No mesmo dia — a essa altura, preciso falar que o sujeito é impulsivo? —, resolve voltar para a casa da esposa. A amante fica furiosa, o acusa de canalha, toma as dores da mulher dele. Um dia, ele se tranca no banheiro para brigar com ela por mensagem de texto. "Foi quando percebi a merda que estava fazendo", ele me contou. A aceitação se rompe por completo quando a amante passa de parceira no "crime" a advogada de acusação.

No fim das contas, o que esse homem tinha não era uma compulsão por sexo, mas uma necessidade de aceitação desproporcional que se manifestava principalmente pela via sexual. O sexo tem essa dimensão importante — e em geral saudável — da aceitação. É o momento em que alguém te aceita fisicamente, te acolhe fisicamente. Isso tem repercussões muito maiores do que somente a saciação do desejo.

Em seu livro, *Como pensar mais sobre sexo*[1], o filósofo Alain de Botton fala sobre como, durante o sexo oral, uma pessoa decide pegar a parte mais pública do corpo dela — o rosto — e esfregar na parte mais privada do outro — a genitália. Em como o sexo envolve uma aceitação das bactérias do próximo, da dimensão corporal mais concreta do outro, e sobre como isso tem um impacto emocional de aconchego, de pertencimento a um mundo o qual, o tempo todo, nega nossos corpos, nos obriga a nos vestirmos, nos controlarmos.

O que esse homem tinha não era compulsão, que torna a pessoa refém de pensamentos obsessivos sobre sexo, sem contenção. Mas, mesmo não sendo compulsivo, o tema sexo havia se tornado um sintoma, uma obsessão. Em uma consulta com uma psiquiatra, decidiram que o uso de um

---

[1] Botton, A. de. *Como pensar mais sobre sexo*. Tradução de Cristina Paixão Lopes. São Paulo: Objetiva, 2012.

antidepressivo que auxilia no controle de pensamentos repetitivos — e que, por efeito colateral, diminui a libido e retarda a ejaculação —, poderia ajudá-lo. A soma da medicação com o processo terapêutico, que durou mais de 6 meses, ajudou-o. Foi então que os desejos dele e da esposa ficaram mais equalizados. Hoje, eles transam e ele nem sempre goza. Diz que até gosta de nem sempre gozar porque é um jeito diferente de manter a tensão sexual. Mas o principal é que ele aprendeu a encontrar outras formas de aceitação, a olhar para a mulher e reconhecer todas as provas que ela tinha dado de aceitá-lo. A ida ao sexólogo, o pedido para que ele procurasse ajuda, o fato de tê-lo recebido de volta depois de tantas idas e vindas, vindas e idas.

Seu grande aprendizado foi compreender que mais do que sexo, o que o satisfaz é a intimidade emocional, um prazer que frequentemente compulsivos sexuais não têm. Talvez hoje tenha claro que nem sempre é fácil dissociar sexo de afeto, que tesão e amor também se fundem. Seu grande desafio, no entanto, tem sido decodificar as emoções da esposa e aceitar que o modo de ela se colocar no mundo é formal e reservado, e que nem sempre as portas estarão abertas para ele. E, mesmo assim, tudo bem.

E VOCÊ TERMINA SOZINHO

Desta vez eu te adianto que iremos juntos até determinado ponto, vamos refletir e ponderar conjuntamente. Mas o raciocínio e o juízo ficarão a seu cargo, caro leitor.

Esta história é sobre um casal por volta dos 35 anos. Ela trabalhava num banco, ele ainda estava tentando se encontrar. Depois de algumas tentativas frustradas de ser empresário — ele gostava muito de coisas aquáticas e havia tentado tocar uma empresa de aluguel de aparelhos de mergulho e outra de montagem de aquários —, buscava se estabelecer como técnico de computação autônomo, uma área na qual era autodidata.

Ela já estava profissionalmente estabelecida, ele não. Ela pagava a maior parte das contas. Ele tentava se avir com o rotativo do cartão de crédito. Dinheiro frequentemente é um ponto de tensão entre os casais, sobretudo quando a disparidade pesa para o lado da mulher, mas ainda hoje não me sinto confortável para dizer que esse seria o cerne da questão.

Outro assunto subjacente é que os dois queriam ter filhos ou, pelo menos, diziam que queriam. Antes, porém, precisavam resolver um pequeno impasse. Um detalhe que, na vida sexual de um casal, não representa mais do que alguns segundos, mas que para ela significava o mundo todo: a ejaculação do homem.

O rapaz em questão sofria de ejaculação retardada, uma condição que faz com que o homem demore muito (muito mesmo) para gozar e ejacular, fenômenos que acontecem com frequência juntos, sendo a ejaculação um fenômeno físico e o orgasmo uma sensação subjetiva. Um homem sem nenhuma disfunção costuma ejacular após cerca de cinco minutos de penetração, um pouco menos, um pouco mais. Esse tempo pode ser intencionalmente prolongado através da alternância de ritmo ou da adoção de movimentos mais suaves, por exemplo, mas o que acontece na ejaculação retardada não é um sexo mais lento, estilo tântrico (onde um homem praticante pode ter orgasmo sem ejacular). O que ocorre é uma dificuldade que parece física, mas que em geral é de cunho psicológico, de gozar (e ejacular), a ponto de causar exaustão ou desconforto genital. Nessa condição, o homem pode demorar mais de vinte minutos para atingir o gozo ou pode simplesmente não conseguir.

Isso pode acontecer por algumas questões genéticas e fisiológicas, como a perda de nervos sensoriais periféricos de condução rápida e a redução na secreção de esteroides sexuais, condições que podem acometer homens acima de 50 anos de idade. Outros tipos de lesão, doenças neurodegenerativas como esclerose múltipla e neuropatia diabética ou alcóolica, podem causar incapacidade para ejacular. Alguns medicamentos como antidepressivos e antipsicóticos podem causar disfunção de orgasmo e problemas ejaculatórios. Mas, em muitos casos, a questão é de fundo emocional e envolve culpa ou ansiedade devido a uma formação religiosa repressiva, estresse, traumas, tensão durante o ato, medo de que a mulher engravide ou uma preferência pela masturbação em detrimento do sexo.

Juntando a disparidade econômica do casal e o fato de que homens muitas vezes se sentem inseguros ou diminuídos diante de parceiras mais bem estabelecidas financeiramente, eu imaginei que o problema pudesse estar relacionado a essa suposta vontade de ter filhos. Será que aquela mulher não estaria pressionando o marido por filhos que ele, na verdade, não queria? Será que ele temia ser pai por se sentir inferiorizado? Já nas primeiras sessões ficou claro que não. Os dois pareciam igualmente moderados em seu desejo de procriar e a questão do dinheiro, embora não fosse de todo harmônica, também não parecia ser um grande problema entre eles.

Me voltei, então, às outras causas comuns. A primeira, e talvez a mais frequente delas, é uma possível ansiedade causada por uma formação religiosa que reprime o sexo. O rapaz, de fato, havia sido criado em uma religião que restringia o uso recreativo das próprias partes e disse que na adolescência isso tinha gerado um ciclo de desejo, masturbação e culpa que lhe ocupara a imaginação por uns bons anos.

Para completar, ele era uma espécie de ex-tímido ao extremo: somente aos 24 anos de idade é que havia conseguido se abrir ao mundo e ter a primeira namorada. Antes disso, ele acumulara mais de dez anos de intensa prática masturbatória.

Eles também eram um casal bastante convencional. Gostavam de transar, mas nenhum dos dois tinha grande apetite por novidades. Quando me procuraram, já estavam juntos há cinco anos. Nesse período, o cara não gozou dentro dela uma só vez. Na verdade, ela nunca tinha *visto* o marido gozar. O sexo ia bem até o momento em que ela gozava. Depois disso, ele continuava a penetração por mais alguns minutos, até que os dois se cansassem ou que a vagina começasse a ficar ressecada. Em seguida, ia tomar um banho. Era lá que ele gozava: sozinho, no banheiro, masturbando-se.

Do ponto de vista prático, o único problema era a tal vontade de ter filhos, que poderia ser facilmente contornada com uma inseminação artificial. Ele não reclamava de nada: achava o sexo do casal satisfatório e sua masturbação excelente. Ela também estava satisfeita, mas achava que a falta do gozo dele era uma espécie de recusa. Era como se houvesse uma parte dele que lhe fosse negada. A impressão dessa mulher era de uma indisponibilidade muito grande, de uma falta de entrega. Após cinco anos de silêncio sobre o assunto, ela propôs terapia, algo com o qual ele concordou, no sentido de que foi até lá, se fez presente, mas, na realidade, também na terapia eu sentia que algo estava sendo negado, que havia uma parte muito importante desse homem que ele reservava somente para si.

Conversando com os dois juntos e com ele em particular, percebi que ele tinha se acostumado a ter seu erotismo despertado pela pornografia e que seu desejo assumia um ritmo masturbatório. O ritmo do sexo, claro, é muito diferente daquele empregado na masturbação. Mais de uma década de dedicação diligente à prática tornou esse homem uma espécie de especialista em si mesmo, de um jeito que mulher alguma jamais seria. Ele dizia, por exemplo, que tinha um jeito muito específico de pegar no pênis, um ângulo e força exatos para finalizar.

Não deixa de ser irônico que o conselho mais popular da sexologia, "conheça seu corpo", ter, nesse caso, tornado esse rapaz um especialista no próprio corpo e, ao mesmo tempo, ter sido um dos gatilhos de uma disfunção sexual.

Minha primeira ideia para esse caso foi expandir o horizonte de conhecimento desse homem a outros corpos, e fazer com que ele aceitasse sua mulher, ao menos como assistente em seu gozo. O que fizemos, inicialmente, foi um jogo bastante popular em consultórios de sexologia chamado "mapa erótico", que consiste em investigar o corpo do parceiro em busca de regiões sensíveis, neutras e insensíveis a vários tipos de estímulo como beijos, lambidas, unhas, mordidas e mãos.

Para isso, eu primeiro "suspendi" o sexo desse casal. Ah, é o sexo que está gerando todo esse estresse? Não tem problema, ninguém mais vai transar aqui... vamos fazer outras coisas! Essa era a ideia do mapa: tirar o peso do sexo e fazê-los aproveitar o corpo, um do outro, com menos tensão.

Em dias alternados, eu solicitei que cada um criasse um clima em casa — uma música, velas, o que fosse — e pedisse para que o parceiro deitasse de costas na cama. Com uma folha de papel com uma silhueta humana desenhada, ao lado, o mapeador da vez faria uma varredura do corpo do parceiro anotando no boneco de papel quais regiões pareciam sensíveis a quais estímulos. Dê um beijinho no pescoço. Ele não gosta? Tente, então, mordiscar, lamber. Não gosta mesmo? Marque um "X" no pescoço do boneco. Se gosta, anote o tipo de estímulo que agradou.

Essa é uma forma bem interessante de aumentar a conexão entre casais que têm pouca intimidade. Porém, mesmo para os casais mais sintonizados pode ser um jogo interessante, nem que seja para ver o quanto os dois já se conhecem.

A etapa do mapa foi um sucesso. Os dois fizeram e gostaram da tarefa de casa. O próximo passo foi pedir que, em vez de esconder que estava indo se masturbar, ele desse pequenos sinais que a deixassem saber o que estava acontecendo. Porque, até então, não ficava declarado que o banho pós-coito era uma desculpa para a masturbação e, em outras ocasiões, ele buscava se masturbar discretamente, de preferência em horários em que ela nem estivesse em casa. Minha ideia era aproximá-la do jogo, fazer com que ele permitisse que ela desse uma assistência ao gozo dele, ou que pelo menos testemunhasse a ação. Só depois é que eu tentaria fazê-lo, de fato, gozar dentro dela.

De início, ele até topou dar pistas dos momentos em que ia se masturbar no banheiro, mas, quando sugeri que deixasse a porta aberta, o que se fechou foi a porta da terapia, e bem na minha cara.

O banheiro era o limite dele e, tanto eu quanto sua mulher, fomos enxotadas dali. Na sessão seguinte, a moça veio me informar que o marido já não queria mais fazer terapia. Para ele, o problema havia diminuído. Eles se amavam. O sexo era bom, a masturbação era ótima e seria isso ou nada.

É claro que como terapeuta eu fiquei bastante frustrada. Havia um "gozo" profissional meu, o prazer de encerrar as coisas, de ter um final conclusivo, que ele estava me negando. Eu sentia a mesma indisponibilidade, a mesma impenetrabilidade, do qual a mulher se queixava.

Junto com ela, e depois por muito tempo sozinha, eu ainda tentei entender esse homem. Será que a negação do orgasmo não era uma forma de puni-la por ser mais bem-sucedida do que ele? Será que não era uma forma de egoísmo? Ou seria apenas uma peculiaridade inofensiva? Uma reserva excêntrica de individualidade?

Ninguém passa a vida gozando junto todas as vezes. Na maior parte das relações, o parceiro é uma testemunha do seu gozo, e um amparo. De que forma essa plateia reage? Que tipo de sensação o seu orgasmo desperta no parceiro? A presença dele, nesse momento, é desajeitada, invasiva, calma? Tudo isso forma uma teia de confiança em que, ironicamente, quanto mais intimidade existe, quanto mais juntos estão, maior e mais individual pode ser o prazer do clímax de cada um.

Entre as mulheres, é muito comum a adoção de um método ultraespecífico de gozar. Há as que só gozam com masturbação, as que só gozam com uma modalidade específica de masturbação — chuveirinho, dedo, vibrador, com o chuveirinho da casa da vó Sônia, com um dedo escolhido, com uma marca e modelo exatos de vibrador —, as que gozam com sexo oral, mas não com penetração, as que gozam com penetração, mas não com sexo oral, as que só gozam por cima em dia de lua cheia depois de vinte minutos de carícias no pescoço. É claro que cada pessoa tem suas preferências e que muitas mulheres têm de contornar traumas e tabus para atingir o prazer. Mas o que a gente nota é que várias dessas manias são simplesmente fruto de condicionamento. Se tantas mulheres podem ser assim, por que não um homem?

Por que era tão importante que ele gozasse nela? Será que algum homem procuraria terapia porque sua mulher, satisfeita com o sexo, prefere encerrar o gozo no banheiro? Quando um homem ejacula dentro da mulher, ela até sente, algumas gostam da sensação, mas o jato não é forte o suficiente para desencadear um prazer sensorial. O prazer que tantas mulheres sentem com a ejaculação é muito mais um prazer emocional. Elas leem esse momento como um gesto de entrega, como manifestação de prazer do parceiro ou como um recibo de que agradaram.

O marido traçou claramente os seus limites e, agora, cabia àquela mulher aceitá-los ou não. Será que uma limitação sexual é forte o bastante para separar duas pessoas que se amam? O divórcio pode ser uma opção, mas será que só existe esse caminho? Não seria possível ressignificar esse gozo que lhe era privado, ver alguma beleza naquilo, erotizar justamente essa falta?

No meu trabalho, algumas vezes, principalmente em casos de abandono da terapia, não é possível chegar a um diagnóstico final conclusivo. No entanto, sempre é possível analisar o que aconteceu, sob a ótica da psicologia, procurando levar esse tipo de experiência como bagagem para futuras terapias.

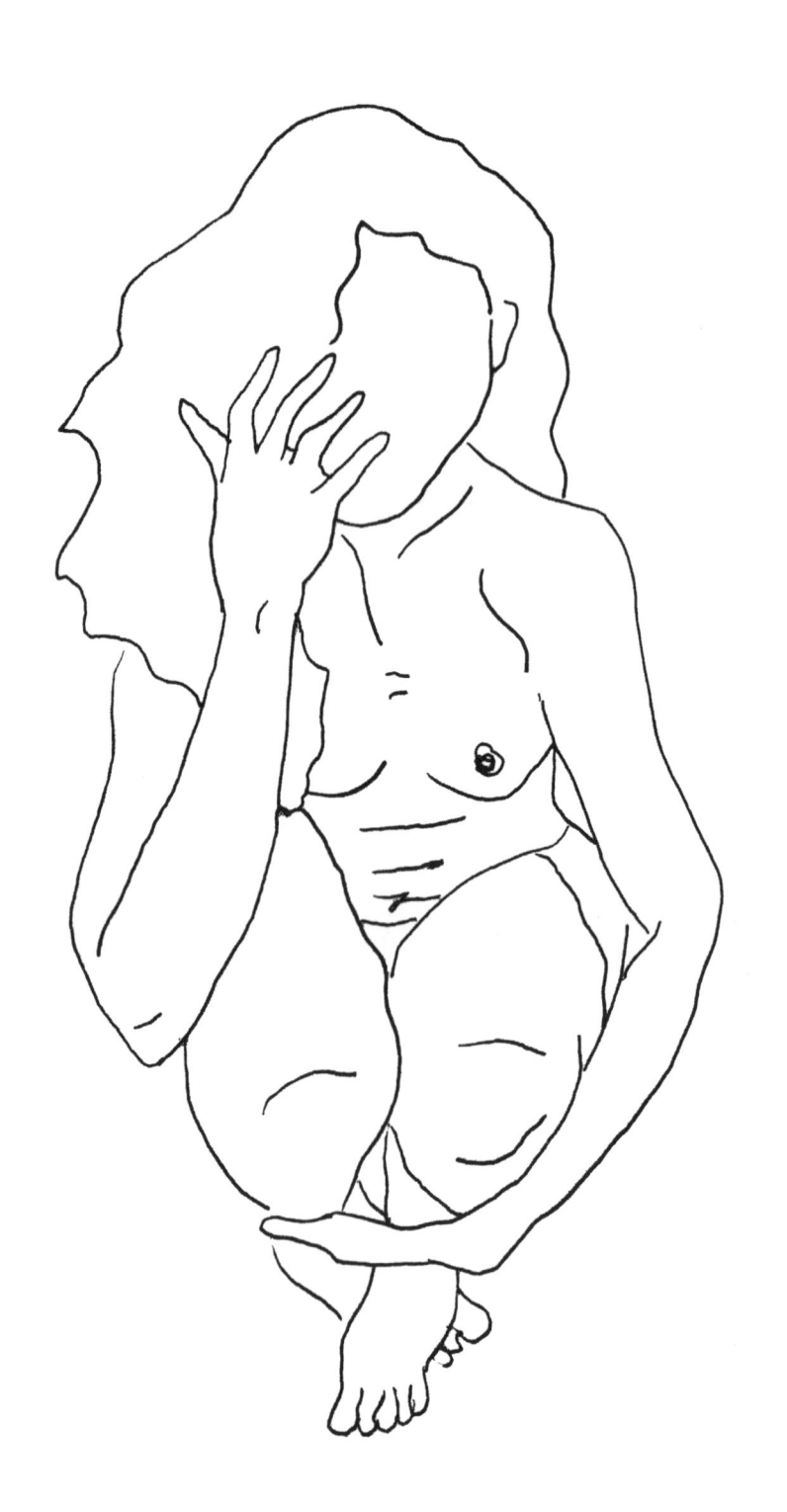

ELA ERA O PINTO DA MÃE

Sim, o pinto da mãe. Vou te contar o caso de uma paciente minha que chegou à terapia bem jovem, aos 23 anos, com uma queixa de vaginismo.[1] Ela veio por indicação do ginecologista. Embora tivesse namorado e quisesse transar com ele, a moça não conseguia permitir a penetração. Bastava o rapaz chegar perto para a vagina dela se fechar feito uma ostra.

O vaginismo é uma disfunção sexual caracterizada pela contração involuntária da musculatura do assoalho pélvico durante o ato sexual em pelo menos 50% das tentativas, por um período mínimo de 6 meses, provocando sofrimento significativo para a mulher e seu parceiro. É quando, na hora do sexo, mais precisamente da penetração, a mulher fica extremamente tensa, fazendo com que por ali não passe um cotonete, quanto mais um pênis. Por mais que ela tente relaxar, que faça um esforço consciente, a reação é muito forte: o corpo dela quer se proteger contra algo que é percebido como um invasor. Em alguns casos, a penetração acontece, mas provoca muita dor.

---

[1] Usarei o termo vaginismo por ser o mais conhecido pelo público em geral. [N.A.]

Até 2013, o vaginismo era considerado uma disfunção sexual isolada; assim como a dispareunia, a dor motivada pela penetração. Com a quinta versão do DSM — o manual da sociedade americana de psiquiatria que é usado como referência em muitas áreas —, passaram a ser englobadas no *transtorno de dor gênito-pélvica durante a penetração*. Isso porque algumas mulheres desenvolvem essa reação a partir de experiências sexuais dolorosas e também porque é bastante difícil dissociar a dor do fenômeno da contração muscular durante a penetração. Mas a moça em questão não tinha nenhuma experiência prévia, que dirá dolorosa. Ela era virgem, se considerarmos aqui que virgindade é nunca ter feito sexo com penetração. Era a ideia da penetração que provocava tensão e impedia avanços.

Segundo a literatura médica, o vaginismo é, na maior parte das vezes, um transtorno de fundo emocional[2] que costuma surgir por dois motivos majoritários: repressão sexual e abuso na infância. No caso da repressão, ela acomete mulheres que desde a infância foram ensinadas a pensar no sexo como algo sujo ou proibido. São mulheres que sempre ouviram que não deviam tocar a própria genitália, que a virgindade era um bem a ser preservado, que sexo somente com o marido, depois do casamento e com mil ressalvas. Para a religião ou para a família pode parecer simples: agora você é casada, agora pode. Mas não é assim que o cérebro humano funciona. Após décadas de repressão, uma mulher pode, literalmente, se fechar para o sexo, mesmo para o tipo de sexo que ela é autorizada a praticar.

---

[2] Há algumas condições médicas que podem provocar dor durante a penetração, como a vulvodínia. Por isso é importante fazer uma avaliação com um profissional ginecologista especializado. [N.A.]

O segundo motivo, o abuso, que é mais amplo do que o estupro em si. Uma criança pode ser abusada sexualmente de muitas formas. E mesmo meninas que não sofreram abuso físico, mas que conviveram com homens agressivos na fala ou nos gestos, ainda que essa agressividade não fosse direcionada a elas especificamente, podem trazer sequelas desse convívio. O vaginismo é apenas uma delas.

Terapeuta nenhum pode reescrever a história de um paciente. Uma pessoa que sofreu um abuso ou que cresceu achando os prazeres do corpo um motivo de vergonha, sempre vai trazer isso na bagagem. O que podemos fazer, no entanto, é ajudar a ressignificar experiências e fazer com que o paciente chegue a novas conclusões a partir delas. Se uma mulher se fecha ao sexo porque sofreu um abuso, se ela entende que precisa se proteger dos homens, a psicoterapia pode ajudá-la a se proteger de outros modos: escolhendo parceiros não agressivos ou se colocando no controle do ato sexual, por exemplo. Criar intimidade emocional não é fácil para quem já foi traído em sua confiança.

O caso dessa paciente, no entanto, era bastante singular. Ela não vinha de uma família agressiva, não tinha histórico de abuso na infância, não tinha pais repressores, tampouco uma religião que enfatizasse a importância da castidade. Era uma menina espírita, filha de pais empresários, que trabalhavam juntos em uma pequena empresa familiar e que eram relativamente liberais. Tinha três irmãs mais novas que, assim como ela, trabalhavam na empresa dos pais. Tinha um namoro longo, de cinco anos, e que parecia saudável. Ela e o namorado eram o casal 20 do bairro, o casal que todo mundo via como exemplar. Não tinha vergonha do corpo ou de falar sobre sexo. Na infância, teve um percurso de curiosidade e investigação sexual, com diversas brincadeiras com amigos e a sós, como quase toda criança.

Ela e o namorado faziam de tudo: se beijavam, iam a motéis, faziam sexo oral um no outro, se masturbavam, ela gozava tanto com ele quanto sozinha. É verdade que tinha alguma resistência para se masturbar, como boa parte das mulheres com vaginismo, mas nada preocupante.

Diante de uma paciente assim, não há respostas prontas. Nem eu nem ela sabíamos por que ela se fechava para a penetração. Chegou a cogitar se ela não seria lésbica, mas o interesse dela claramente era por homens e a ideia da penetração lhe causava desejo — e era justamente por conta desse desejo que ela queria vencer aquela resistência.

Em casos assim, a investigação assume um papel fundamental. Pois às vezes o paciente sabe exatamente por que age de determinado modo. Algumas mulheres com vaginismo sabem desde cedo que se fecham para a penetração por não confiarem em homens, por exemplo, por acharem que são todos canalhas. Mas em casos como o dessa moça, ela não fazia ideia. Por que meu corpo está me impedindo de fazer algo que eu quero?

Depois de um período de investigação inicial, eu comecei propondo a ela alguns exercícios: reconhecimento do corpo e suas potencialidades, masturbação, investigação do corpo erótico, e de fantasias junto ao parceiro. Nesse processo ela quebrou vários paradigmas: fez uma excursão com uma amiga a um *sex shop* — lembrando que há 20 anos o mercado erótico não era essa profusão de *sites* na internet e espaços *cleans* em lojas femininas. Ela dá gargalhadas, hoje, lembrando como foi difícil, mas ao mesmo tempo delicioso, sentir-se como uma garota travessa ao entrar na sala especial de uma locadora de vídeo (sim, existia isso 20 anos atrás), destinada aos filmes pornôs, enquanto os clientes da sala principal escolhiam entre dramas, aventuras, comédias e afins, mirando com o canto dos olhos os ocupantes da salinha. Imaginem essa garota, de apenas 23 anos, atravessando a sala com um vídeo erótico na mão, apresentando o mesmo para a moça do caixa, enquanto a cliente ao lado estava alugando algo como *Love Story* ou *Um Tira da Pesada*...

O passo seguinte, a medida que avançávamos, foi iniciar o processo de tentar inserir um cotonete, um dedo lubrificado, um vibrador pequeno, com a ajuda do parceiro.[3] Ela não estava preocupada com o rompimento do hímen, apenas em sentir um pouco de dor ou ser desconfortável. Trabalhamos suas expectativas sobre essa "primeira vez", que precisaria ser bem aos poucos. A ideia era ir tentando esses exercícios enquanto investigávamos o que a fazia acreditar que não poderia receber um pênis. Conversávamos sobre o que ela entendia por sexualidade, sobre experiências anteriores, sobre o tipo de orientação que recebia dos pais e como era a relação deles...

Mas estávamos empacadas. Primeiro que ela, embora fizesse os exercícios, não os fazia com muito entusiasmo e permanecia bastante tensa. Segundo que comecei a notar que ela falava muito sobre o casamento dos pais, que ocupava o tempo da terapia dela reclamando do matrimônio dos dois. Foi então que decidimos ir por outro caminho, centrando a terapia nessa questão familiar, saindo de um trabalho mais focado e comportamental, para conseguir resolver a questão do sexo. Foi o que funcionou.

---

[3] Hoje, esse processo de dessensibilização pode ser realizado em sessões com fisioterapeutas especializados no tratamento de disfunções pélvicas, que ajudam na consciência corporal sobre a musculatura pélvica e podem, diferentemente do terapeuta sexual psicólogo, estar ao lado da paciente atuando diretamente no corpo da mesma. Há também experiências com aplicação da toxina botulínica (botox) na parede vaginal, por profissionais médicos, que impede que o impulso dado pelo nervo (e que contrai a parede impedindo a penetração) chegue até o músculo. [N.A.]

Ela era o pinto da mãe. Foi isso que concluí quando nos debruçamos mais detidamente em sua configuração familiar. Casados há vinte e cinco anos, os pais trabalhavam juntos desde sempre, e brigavam bastante. A mãe era um estereótipo da mulher forte: competente, independente, dava conta de tudo, segurava as pontas em casa e na empresa enquanto o pai era um grande adolescente. Bebia, traia, farreava, faltava a reuniões importantes, esquecia compromissos familiares, gastava mais do que podia. O pai não era um pai, era só o quinto filho da mãe.

A mãe se estabelecia como uma figura de poder ao cuidar de tudo sozinha, e de resistência ao aguentar aquele homem folgado sem dar um basta. Nesse contexto, de uma solidão do poder e da administração da família, a filha mais velha tornou-se a grande companheira da mãe. Ela cresceu sendo extremamente valorizada e querida por essa mãe, cumprindo um papel de substituta do pai. Era A Filha Bonita, A Filha Generosa, A Filha Que Ia Superbem Na Escola e que estava ao lado da mãe em tudo. Inclusive na censura ao pai. Ela tinha lembranças de infância que envolviam, por exemplo, ouvir a porta se abrir de madrugada e correr para o corredor para ver o pai chegar de uma noitada, onde presumivelmente estava com outra mulher.

Falo é uma palavra utilizada pela psicanálise para designar uma sensação de poder, que, por ventura, culturalmente, foi atribuída ao pênis, nas sociedades patriarcais. Sendo simplista: você nasceu com pênis, o mundo estava garantindo; nasceu sem pênis, a vida se mostraria repleta de limitações. Então, uma mulher poderia atribuir a coisas, pessoas ou estados essa sensação fálica de poder, como um substituto. Talvez essa explicação teórica, atualmente, esteja em desuso, já que passamos a questionar os papéis de gênero, lutando por igualdade e tentando dissociar a mulher de uma identidade que seja reflexo da masculinidade. Mas, de qualquer modo, para a mãe da minha paciente, ela era sua maior representação de poder. E embora eu não seja psicanalista, me pareceu difícil não fazer a associação.

Essa moça era, de fato, uma pessoa muito legal: inteligente, competente no trabalho, generosa com os outros, cuidadosa, extremamente responsável. Não era só a mãe que a via dessa maneira. Na terapia, era aquela paciente que não atrasa um minuto, que paga adiantado, que embarca nas reflexões que eu propunha. É como se em todos os campos da vida, inclusive na terapia, ela ocupasse o lugar da filha perfeita, e era muito fácil deixá-la ocupar esse lugar.

Na psicologia aprendemos que vamos construindo representações e papéis, e que muito de nosso comportamento tem relação com o que eu imagino que o outro espera de mim. Nesse sentido, muitas pessoas se moldam às expectativas do outro, cujo gozo está em corresponder ao que o outro quer. Mas no caso dela havia uma verdade: ela, realmente, era legal, responsável e generosa. Havia um prazer e uma verdade em se reconhecer nesse lugar que ocupava.

Toda essa carga de responsabilidade, de ser a companheira da mãe, um exemplo, por onde quer que passasse, fez com que essa moça crescesse com uma rigidez muito grande. Uma rigidez de valores, de moral. E essa rigidez não se voltava contra a sexualidade, especificamente, não condenava a sexualidade, mas se voltava contra a figura do pai. Porque, no mundo dela, o pai representava o transgressor, aquele que passa por cima da regra, o folgado, o que não respeita nada nem ninguém, o irresponsável. E a força dela estava em não se deixar invadir por uma figura como o pai. Daí o vaginismo ser meramente uma resposta, uma tradução física dessa crença.

Para uma mulher aceitar a penetração ela precisa se abrir ao outro, deixar que o outro lhe invada. Isso não é pouca coisa. Eu não preciso me sentir submissa, mas preciso me submeter um pouco. Assim como o homem pode se deixar submeter pela mulher que o seduz, ou que transa em cima dele, ou que traz seu falo entre os dentes. Minha paciente aprendeu que não poderia ser invadida por uma figura masculina, que simbolizava o pai, então ela se fechava — havia se tornado uma pessoa para quem a moral e a regra eram muito fortes, na vida, na ética, na maneira de funcionar. Uma pessoa que não aceitava deslizes, nem dela nem dos outros.

O primeiro avanço foi conseguir chegar a essa leitura, foi racionalizar e expor verbalmente uma crença até então subterrânea. O segundo, mais complicado, foi desconstruir um pouco a imagem dessa mãe. Porque, até então, ela não fazia nenhuma ressalva à mãe. Sequer notava que aquela mãe havia depositado expectativas demais na filha, que havia dado à filha o peso de uma responsabilidade que não era dela. Não percebia que a mãe falhara com as filhas e consigo mesma ao não dar um basta naquela relação, ao se permitir um papel de vítima, ao manter o pai como um quinto filho. Além disso, não notava como a mãe, ainda que de forma moderada, incitava uma competição e um senso de superioridade dela em relação às irmãs. Enquanto ela era "A Perfeita", as irmãs eram meramente *as outras filhas*.

À medida em que ela complexificava uma dicotomia até então vista como natural — mãe forte e boa versus pai transgressor e folgado —, claro que isso tinha efeitos na vida prática. Ela não queria mais ter uma relação tão simbiótica com a mãe. Se recusava a fazer o papel de sombra da mãe, de conselheira. Já não estava disposta a colocar nem a ser colocada no pedestal por essa mãe. Passou a dizer: "Mãe, meu pai é problema seu, resolva." Também passou a ver as irmãs com mais companheirismo, sem se achar tão superior a elas. O pai... Bem, o pai, de fato, era um adolescente grande, mas ela ao menos pode compreender que ele não era um vilão. Aquela configuração doméstica tinha sido mantida com o consentimento da mãe, não à sua revelia. Ter o pai como mais um filho era um símbolo de poder para aquela mulher.

O namoro também sofreu transformações. A transformação, neste caso, foi um ponto final. Ela notou que aquela relação era mais uma amizade do que uma paixão. E não ajudava em nada o fato de o namorado enxergá-la com a mesma lente cor-de-rosa da mãe. Para ele, ela era a rainha de Sabá. Linda, maravilhosa, a melhor de todas. E se era tão perfeita assim, não precisava nem a penetrar. Ele aceitava a recusa física dela e mantinha-se passivo em muitos aspectos da relação.

Esse processo todo durou um ano e meio e trouxe, sem dúvida, algum sofrimento para ela e para as pessoas ao redor. A mãe, por exemplo, não ficou feliz ao perder a companheira que demorou uma vida inteira para moldar. Houve briga e resistência quando ela decidiu mudar essa relação, e deixar de ser a tábua de salvação da mãe. Mas me arrisco a dizer que a psicoterapia dela trouxe muitos benefícios também para a mãe. Ao final desse processo, que durou dois anos, minha paciente deixou de trabalhar na empresa familiar e passou a ter uma relação melhor com as irmãs. Ainda era próxima da mãe, mas já não era seu ponto de apoio incondicional. Os pais, por fim, separaram-se, talvez porque o alicerce do casamento, a filha mais velha, já não estivesse disposta a sustentar aquela construção corroída. Hoje, minha ex-paciente é casada, feliz e está grávida. Sua mãe tem um companheiro de verdade. E o pai, após passar por um trauma que quase lhe custou a vida, amadureceu.

Mas se você quer saber como encerramos a história do vaginismo, foi bastante simples. Poucos meses depois de terminar com o namorado, quando ainda estávamos fazendo sessões, ela conheceu um cara aí. Tudo que podemos dizer sobre ele é isso: era um cara aí. Um advogado, perfeito clichê do cafajeste. Eles mal se conheciam, de modo que ele não teve nem tempo de achá-la maravilhosa. Saíram duas vezes. Na terceira, foram até o escritório dele, ele ergueu-a, mas só até a mesa de trabalho, não a um pedestal. Transaram o mais simples e esperado dos sexos. Fim da história, e do vaginismo.

CRUZANDO A LINHA DO TREM

Esta história começa com vários elementos comuns a muitos relacionamentos. Primeiro que ela, a moça responsável, escolheu como marido logo ele, o cara do prazer. Essa é uma combinação tão usual quanto explosiva. A gente busca no outro aquilo que nos falta. Às vezes funciona, mas as chances de cada um se cristalizar na posição para a qual naturalmente pende é imensa. E foi mais ou menos esse o início do conflito.

Desde criança ela era uma pessoa orientada pelo dever, uma espécie de radar da casa, sempre um pouco mais tensa. Trazia uma lembrança muito nítida da infância, quando morava num bairro de classe média baixa no qual uma linha de trem separava uma área mais "família" de um ponto onde garotos usavam drogas e promoviam rachas de motocicleta. Lembrava da mãe lhe dizer: não atravesse a linha do trem. E era isso que ela tentava fazer: se manter na linha, não passar para o lado de lá, em todos os aspectos da vida.

A linha do trem, no entanto, estava sempre lá. Como uma tentação que não se perde de vista, mesmo que seja algo que se quer evitar. E eis que a moça da responsabilidade tenta dar um rápido salto sobre o trilho do trem para se casar com o cara do prazer, um sujeito que passou a vida flertando com esse limite. Ela fica fascinada pelo modo descontraído de ele levar a vida. Mas para que ele continue leve desse jeito, ela vai ficando cada vez mais pesada. Obrigações, casa, dinheiro, filhos. Tudo recai sobre ela que, indubitavelmente, fica esmagada sob o peso de ter que ser responsável em dobro.

Eles tinham cinquenta anos, eram casados há doze e tinham dois filhos gêmeos de sete anos. Os problemas começaram a se evidenciar durante o ano e meio que tentaram engravidar. Primeiro de modo natural, depois por inseminação artificial. Outro elemento comum: o processo de inseminação, o estresse, hormônios, dinheiro, expectativa e frustração gerando atrito no casal. Desde essa época, ele disse que o sexo ficou mecânico e sem graça depois de tanta tabelinha e tanta programação. Para piorar, acha que após o nascimento dos filhos ela ficou uma chata.

Ela, por sua vez, se voltou muito para as crianças, ainda mais por terem sido tardios e tão esperados. Mas claro que o marido — como tantos maridos —, em vez de aliviar o fardo da mulher, de assumir sua parte das tarefas para que ela tivesse um respiro e quem sabe conseguisse olhar para ele, se limitava a reclamar, a dizer que ela estava chata.

Quando chegaram à terapia, os dois não transavam há um ano. Antes disso, ele teve perda de ereção e de desejo, então foi se satisfazendo com filmes eróticos, deixando o sexo de lado. Ela acabou se voltando só para os filhos e para o seu próprio mundo.

Inicialmente, mesmo nas sessões individuais, nenhum dos dois dizia que estava tendo algo fora do casamento, por isso trabalhei com a informação de que era um casal sem sexo. Começamos um trabalho de recuperação do desejo, de redescobrir o corpo um do outro, o que os fascinava, de tirar a burocracia da cama. Jantares a dois, momentos de intimidade. Ela, sempre mais entusiasmada que ele, bem da verdade, transformou o quarto em um lugar mais atrativo e bonito. Os filhos, que frequentemente dormiam com eles, passaram pelo processo de "desmame" da cama dos pais, não sem sofrimento por parte de todos. Uma sala de TV mais aconchegante foi criada, para que enfim o quarto não fosse o ponto de encontro da família para o entretenimento. Funcionou durante um tempo. Após alguns meses, a vida sexual deles não estava nenhuma coisa de outro mundo, mas existia, havia certa frequência e alguma graça. Eles faziam um perfil mais tradicional, não tinham grandes variações, não iam a fundo nas fantasias sexuais.

Até o dia em que ela está em casa à noite e recebe uma ligação de um hospital. O marido havia sofrido um acidente em uma rodovia e estava internado. Mais que depressa ela descamba para o local. Depois de dirigir com os nervos à flor da pele, por mais de 3 horas, acabou sendo surpreendida com mais uma situação inoportuna: o marido não estava sozinho. Junto com ele estava uma amante, quase trinta anos mais nova, e, pelo jeito, ele não havia viajado a trabalho. Pois é, quando se diz que as novelas são baseadas em fatos reais...

Foi o tiro de misericórdia em um casamento que já cambaleava. Ela não quis nem saber da história toda. Quem ela era, há quanto tempo estava com a garota. Voltou para casa sozinha, sentindo-se humilhada e decidida a se separar. Na sua cabeça, em comparação a amante, ela era uma velha chata que havia sido excluída da aventura. Era como se já não fosse ela a evitar a linha do trem: era aquele mundo de transgressão que se fechava definitivamente para ela.

Já ele, ficou morto de vergonha. A aventura de adolescente teve um preço alto. A relação com a moça, que por sorte não havia se machucado tanto no acidente, não durou mais do que alguns meses. Agora que ele era livre, a amante perdera o encanto. Como a mulher e os filhos ficaram com o apartamento, a ele coube pedir asilo aos pais, com quem tinha relações dúbias. O pai era um patriarca típico. Muito rico e centralizador, mantinha a família orbitando ao seu redor. Os outros filhos trabalhavam com ele, tinham uma vida muito coletiva. Ele era o único que tentava ser mais desgarrado e independente, ainda que erraticamente.

Agora, no entanto, estava sem opção. Sem emprego, sem casa e sem mulher, teve que começar a trabalhar com o pai, a morar com ele. Foi o pai, por sinal, quem fez questão de assumir a pensão dos netos e da ex-nora, e quem deu todo o apoio afetivo que eles precisavam.

Pouco a pouco, o pai passou a funcionar como uma âncora para aquele homem tão irresponsável. Uma âncora que pesa, sem dúvida, mas que traz a estabilidade necessária à navegação. Ele foi se tornando mais adulto ao passo que trabalhava algumas carências paternas, um certo sentimento de ter sido preterido pelos dois irmãos, que, na cabeça dele, satisfaziam mais adequadamente as expectativas do pai.

Na infância, os três filhos faziam aulas de vôlei, que era uma paixão do pai. Mas enquanto os dois mais novos progrediram no esporte, — um deles, inclusive, chegou a ser jogador da equipe mirim de um clube importante —, ele, o primogênito, nunca foi mais do que mediano. Desde então ele trazia um ressentimento, uma culpa, por não ter cumprido as expectativas paternas, ou o que ele próprio entendia como expectativas. Depois disso, veio todo o resto: a tentativa de se constituir como um oposto do pai.

Esse pai, de fato, trazia aquele pacote patriarca de problemas usuais. Era machista, se impunha demais sobre os outros, buscava uma aceitação universal por parte da família. Mas a isso se contrapunha um sentimento muito grande de proteção e carinho, de querer ver os filhos bem e unidos, uma valorização da família sobre todas as coisas.

A perda da mulher junto a essa reaproximação com o pai fez esse cara crescer em um ano o que não havia crescido em trinta. Foi preciso voltar três etapas, encarar a cama de solteiro de quando era adolescente — o pesadelo dos divorciados —, jantar sopa às quartas-feiras, para o homem feito se refazer.

Não posso dizer que ele se tornou outra pessoa, mas posso afirmar que se tornou uma versão adulta de si mesmo, um sujeito capaz de tomar um pouco a responsabilidade para si. O sexo está chato por causa do processo mecânico da gravidez? O que eu posso fazer para mudar isso? Minha mulher só olha para os meus filhos? Será que ela não está sobrecarregada e eu posso fazer alguma coisa para ajudá-la? Em suma, uma pessoa que não está no mundo apenas para ser receptáculo de um fluxo inesgotável de prazer.

Enquanto esse cara passava por todo esse processo de amadurecimento, a mulher lambia as feridas da separação, de ter sido trocada por uma garota bem mais jovem. Às voltas com o climatério, que já assusta por si só, ela precisava recomeçar. Foi um daqueles momentos em que qualquer terapeuta tem vontade de colocar a pessoa no colo, fazer carinho e dizer: "tá tudo bem, vai passar".

Primeiro ela teve que lidar com a raiva e evitar o sentimento de vingança. Como poucas pessoas fazem, não saiu por aí querendo queimar a amante do marido em praça pública e evitou, a todo custo, contato com ela. Afinal, fora o marido que traíra o contrato de fidelidade dos dois. Embora tenha tido conversas inflamadas com ele, como qualquer ser humano normal, decidiu que não iria se colocar no papel de vítima e lutou para olhar para a frente, para erguer-se, todas as manhãs. Tinha que se reinventar.

Quem está muito tempo casado, sabe como é difícil voltar a praticar o jogo da sedução. Na situação dela, então, — a "traída", a "cinquentona" —, o desafio era bem grande. Ela precisava cruzar a linha do trem.

Além da terapia, passou a cuidar mais do corpo, praticar esportes. Não pintou os cabelos, mas começou a usar roupas um tantinho mais ousadas, mantendo seu estilo pessoal. Entrou numa fase de descobrir uma leveza interna em vez de ficar só projetando isso nos outros. De se sentir mais bonita, mais legal, uma companhia mais agradável, alguém que não fica todo o tempo pensando, criticando, cobrando. Nisso a vida de solteira ajudou muito ela. Porque o que você tem a oferecer a um cara que está sentado no bar? Seu currículo de supermãe? De mulher que não deixa a peteca cair? Infelizmente não conta muito no jogo da sedução. Tem que exercitar essa atração mais descompromissada, um estar por estar, que no primeiro momento é o que importa.

Viajou. Conheceu pessoas. Deixava os gêmeos com o marido para compromissos de puro prazer. Fez sexo casual com homens, inclusive mais jovens. Mais para aprender a desfrutar, do que provar qualquer coisa.

Nesse longo hiato do casamento — já posso entregar que o casal reata? —, eles não tiveram recaídas, mas mantiveram contato por conta dos filhos. Talvez o maior ato de maturidade dele tenha sido justamente não tentar reaver a esposa logo de cara. Ele sabia que a mancada havia sido feia e que demandava mais do que um mero arrependimento. Esperou se reerguer de verdade, colocar para trás não apenas o episódio como os processos que o levaram àquilo, para só então começar a se reaproximar, a deixar claro que ainda a amava.

Reatar um casamento depois de uma história dessas não é nada fácil. Apoio dos amigos e da família: nenhum. Todos diziam: "Você é louca, o que ele ainda precisa fazer para te mostrar que não vale a pena?" Ela calou essas vozes, principalmente por amor, mas também por uma avaliação racional de que ele havia amadurecido. O que eles fizeram não foi simplesmente reatar: foi rearranjar as coisas, passar por um novo acordo marital que, a contar por esse último ano juntos, deu muito certo.

O sexo deles melhorou muito e de maneira espontânea. Passaram a usar brinquedos eróticos e a externar fantasias. Pode ter sido o laço de intimidade que fizeram após essa experiência difícil; o encontro de cada um com suas partes mais duras e também bonitas, o grande mergulho no universo que é a pessoa humana. Talvez porque ela tenha resgatado em si mesma a mulher sensual de outrora que ele voltou a admirar, e ela, por outro lado, tenha aprendido a deixá-lo se mostrar diferente. Não há uma única razão que motive uma reviravolta dessa natureza.

Hoje, ele continua sendo o cara do prazer. E ela continua sendo a moça da responsabilidade. Mas esses são papéis maleáveis, usados antes como fantasia do que como sentença.

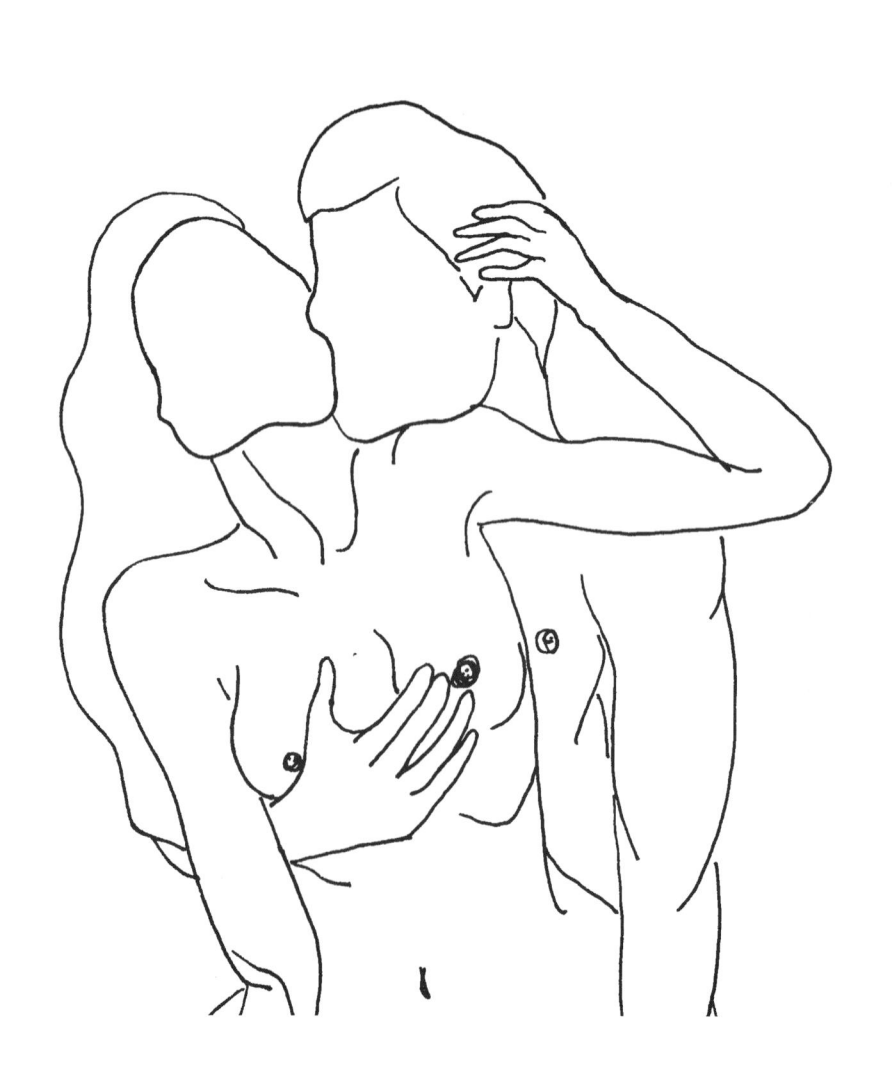

ESPELHO MEU

De modo geral, um homem jovem e saudável pode escolher se resolve sua disfunção erétil ou se dopa sua disfunção erétil. Esse é um problema que pode ser simplesmente físico — causado por diabetes, doenças cardiovasculares ou neurológicas, por exemplo —, mas que também pode ser meramente psicológico, e ainda assim responder bem a intervenções que só tratam do físico.

É comum que homens que não têm nenhum problema de saúde, até mesmo adolescentes, driblem suas inseguranças com pílulas azuis de sildenafila, ou amarelas de tadalafila, e levem uma vida sexual aparentemente saudável por muito tempo. Já em outros, a influência do psiquismo é tão grande que se torna incontornável. A história que eu irei contar é desse segundo tipo e envolve um paciente que, mesmo depois de muitos anos sofrendo de um problema aparentemente trivial, relata uma enorme dor e dificuldade emocional em falar do assunto.

Quando veio ao meu consultório, ele tinha trinta e poucos anos, era solteiro, um tanto inexperiente e vinha tendo problemas de ereção com a namorada com quem há pouco começara a se relacionar. Era um cara muito legal, extremamente bem-intencionado com a vida e que vinha de um histórico de síndrome do pânico, um tipo de transtorno de ansiedade no qual a pessoa tem crises inesperadas de medo intenso, mesmo sem nenhum motivo racional, ao acreditar que algo ruim esteja prestes a acontecer. Na época não tomava mais nenhuma medicação, só um ansiolítico de emergência, caso a ansiedade aparecesse em escala cavalar. Apesar desse histórico ele não tinha nenhum problema de saúde, e, mesmo assim, há meses, vinha tomando remédio para ereção após ter procurado um dos tais "centro de saúde masculina", que basicamente emitem receitas.

Se o problema não era físico, tampouco era falta de desejo. A questão era localizada naquela relação ainda incipiente, mas ele gostava tanto da namorada, queria tanto que desse certo, que nem cogitou simplesmente fazer uma nova tentativa com outra garota. A falta de experiência do rapaz não me permitia cravar que o problema fosse na relação — pois poderia ser dele —, mas eu resolvi começar a lidar como sendo um problema do casal.

Primeiro empecilho: ela não era muito colaborativa. Não chegava a recusar comparecer às sessões, mas criava contratempos, estava sempre indisponível. Numa das poucas conversas em que esteve presente, falou muito de um ex-namorado da juventude com quem "transava loucamente".

O registro desse namoro — que, na prática, nem parecia aquilo tudo — vinha na chave de uma comparação com o atual, posto mil degraus abaixo. Havia nela um prazer sádico em comparar o namorado àquele ex meio idealizado, que no fim a traiu, e com quem não tinha nenhum contato. Os dez anos que a separavam daquele relacionamento a fizeram pintar esse ex nas tintas de sempre: era lindo, extrovertido, bom de cama, pouco afeito a compromissos, um estereótipo do cara por quem você se apaixonaria aos vinte anos. Uma memória mais apurada e o advento das redes sociais faz com que a maioria das pessoas mantenha um distanciamento crítico desse tipo de lembrança dourada da juventude, coisa que ela não fazia.

O que separa um problema "meu" de um problema "nosso" geralmente é a disposição do outro em abraçar e encarar a questão. Não a tendo como aliada, meu paciente tinha duas escolhas: tentar contornar o problema sozinho ou deixar para lá. Ele optou por contornar e o fez de maneira quase literal. Mas não vamos nos adiantar...

Nosso treino começou com exercícios de masturbação. Minha ideia era reconquistar a confiança dele no controle do pênis, fazê-lo perceber que não se trata de um músculo completamente involuntário. Os exercícios consistiam em sentir o órgão ereto, ter consciência da própria ereção, se masturbar pensando na namorada, pressionar logo abaixo da glande e parar os movimentos para diminuir a excitação, retomar a manipulação, sentir a ereção novamente, pressionar de novo. Precisava repetir o procedimento quatro vezes antes de chegar ao orgasmo. Essa parte funcionou perfeitamente: mesmo sem os remédios, ele não tinha o menor problema para ter e manter uma ereção sozinho.

Depois, passamos para os exercícios a dois. Masturbação mútua, olhar um para o outro. Aí começaram os problemas. Como já adiantei, ela vinha ao consultório um pouco a contragosto, o que me sugeria que, talvez, ter um homem "impotente" conferia a ela um certo status que ela julgava "superior". Havia um ganho, diante do problema. Ela sabia que ele ficava intimidado, inseguro. Nas sessões de casal ele se espremia ali no sofá, com as duas mãos no meio das pernas, envergonhado, e era incapaz de emitir qualquer descontentamento para com ela ou com suas atitudes diante do problema. Ou seja: mantê-lo "inseguro" garantia que qualquer crítica a ela fosse um sacrilégio. Como poderia reclamar dela se ele tinha esse "problemão", que deixava a ambos insatisfeitos? Para piorar, ela não via muita graça nos jogos: sua apreciação do sexo estava muito ligada à penetração pura e simples (justamente o que ele não conseguia oferecer). Algumas vezes, quando eu a questionei sobre sua pouca motivação em aderir ao tratamento e se disponibilizar para os exercícios, ela fingia espanto e prometia empenho. Mas tinha o olhar dela que "pegava" na hora do sexo. Naquele olhar, ele via julgamento e comparação onde tudo o que queria era aceitação.

Ele conseguia ter ereções na frente dela, conseguia masturbá-la e se deixava tocar, mas bastava partir para a penetração que a disfunção dava as caras. Ele tinha medo de perder a ereção, afinal, esse era o roteiro já conhecido e tão temido. Eu sempre digo: se for para a relação pensando que vai brochar, as chances de isso acontecer triplicam.

Conversando com ele, chegamos à conclusão de que havia um disparador: o problema se concentrava naquele olhar, era isso que o desarmava. Claro que tinha muita projeção ali: a mulher, embora um pouco sádica na comparação, não era nenhuma víbora. Era ele quem projetava julgamento no olhar dela, que não gostava de como se via espelhado.

A solução para um problema às vezes passa por evitá-lo. De modo geral, uma posição bem indicada para quem está no processo de lidar com uma disfunção erétil é com a mulher sentada por cima, com o homem segurando as ancas femininas, de modo a controlar os movimentos. Mas nós fomos pelo lado inverso: ela de costas; ele fugindo do olhar. Bingo! A partir daí, mais terapia e de ladinho, mais terapia e de frente.

Ele foi virando ela à medida que a virava também em sua mente, conseguindo, finalmente, analisá-la de modo mais crítico. Tivemos muitas sessões individuais, nas quais acabou me confessando a raiva que tinha daquelas conversas sobre o tal ex-namorado *sex symbol*, e passou a cortar qualquer assunto dessa natureza na vivência do casal. Por que, nesse caso, ela não volta para o ex se ele era aquilo tudo? Ou, por que não quer fortificar a relação com ele e ir à psicoterapia? Não se trata de destruir a imagem que se tem do parceiro. Mas desenvolver um olhar de crítica em relação a ela permitiu que ele se sentisse menos inferiorizado, que rebatesse um pouco aquele olhar.

Trabalhamos sua autoestima, suas qualidades e como era um companheiro leal, amigo, honesto, além de um homem apaixonado e agradável. Portanto, se havia algum equívoco na avaliação de parceiros, esse também poderia ser um equívoco dele. Afinal, e ela? Era uma boa companheira?

Ele começou a impor mais seus desejos e a pontuar também suas insatisfações fora da cama. Claro que no começo ela reagiu mal, mas, aos poucos, parece que foi cedendo, talvez por medo de perdê-lo ou por ter amadurecido um pouco, ou as duas coisas.

É impressionante como uma raiva bem canalizada, consciente, pode botar fogo no sexo. Era como se ele tivesse tirado a moça do pedestal. Parou de achar que ela estava fazendo "um favor" ao ficar com ele, a quem ele devia devoção por causa disso. Agora, não iria mais ser assim, afirmava ele, confiante. Ela não quer dar importância para o amor? Então, que seja no sexo!

Com uma autoestima mais resiliente, ele já não se deixava subjugar aos olhos da mulher. Quanto a ela, longe de se assustar, gostou de ver armado o homem que até ontem se desarmava com um simples olhar.

PANTUFAS DA MONOGAMIA

As pessoas embarcam nos relacionamentos vindas de lugares distintos, com expectativas, fantasias e posições diferentes diante do desejo. As heterogeneidades biológicas e sociais entre homens e mulheres muitas vezes turvam essa situação, fazendo com que a gente atribua tudo a uma diferença entre gêneros. Um fato interessante, ao analisarmos um casal homoafetivo, é pensar em como, eliminada essa diferença que às vezes nos parece tão grande, os problemas, desentendimentos e descompassos podem permanecer basicamente os mesmos.

A história a seguir envolve duas mulheres maduras: uma com seus quarenta anos e outra entrando na casa dos cinquenta. A mais nova vem de um histórico de relacionamentos com homens: foi casada, teve dois filhos e só percebeu seu próprio interesse por mulheres mais tarde na vida, pouco antes do divórcio do segundo marido. Ele, apelidado *carinhosamente* por elas de "cretino", estimulava a fantasia de fazer sexo a três, envolvendo mais uma mulher. No caso, uma amiga dela. Ela ficava com raiva do marido, mas o "cretino" não cedia e certa vez ele armou uma situação para que os três estivessem juntos, na intimidade, meio "altos" de bebida, e ela beijou a amiga. Não sentia tesão, mas também quebrou o paradigma de que era nojento.

Mais tarde um pouco, quando estava se separando dele, saiu para a balada com a mesma amiga e acabou na cama com ela. Fez questão de contar para o quase ex-marido, que ficou com raiva. Punha-se fim, definitivamente, a um casamento capenga, por outras tantas razões. Depois, teve algumas outras relações rápidas com mulheres e chegou à conclusão que era bissexual. Conheceu a atual mulher em um site de relacionamentos.

Já a mais velha vem de um histórico de repressão e abuso. Filha de pais muito rigorosos, ela tem uma lembrança de abusos pontuais por parte de um vizinho e desde cedo mostra aversão por homens e pela sexualidade de modo geral. Na adolescência teve alguns namoricos com rapazes, mais para provar-se (e para todos) heterossexual, do que por vontade. Foi apaixonada por uma amiga da escola por muitos anos, sem, no entanto, revelar-se para ela. Achava errado o seu desejo por mulheres e se culpava por isso. Só começou de fato a buscar parceiras aos quarenta e tantos, pela internet, e esse é seu primeiro relacionamento fixo importante. Enquanto a primeira é muito feminina, vaidosa e sociável, a segunda é neutra, não gosta de chamar a atenção, veste apenas o básico e tem os mesmos amigos de sempre.

O encontro entre as duas oferece bastante para cada uma delas. Para a mais nova, o relacionamento preenche uma falta imensa de companheirismo que ela nunca sentiu no ex-marido ou nos homens com quem se relacionou. A namorada é mais zelosa com os filhos dela do que o pai jamais foi. Ela se sente cuidada e apoiada de um jeito que não conhecia. As duas trabalham juntas, montaram um escritório de publicidade. A mais nova, que nunca se encontrou muito profissionalmente, finalmente tem algo que ama intensamente.

Já para a mais velha há, sobretudo, o encanto de ser o primeiro relacionamento. Ela, que já não tinha muita esperança de que algo desse certo, de repente tem uma família, uma mulher, dois enteados, uma renovação numa vida de personagens estáticos. As duas se amam e se complementam, seriam um casal de sair por aí dando palestra sobre sintonia se não fosse por aquele pequeno detalhe chamado sexo.

No começo, tudo são flores e a diferença de expectativas delas quanto ao sexo e ao toque não se revelou logo de cara. Mas os meses foram passando e a mais velha, opa, só queria vestir as pantufas da monogamia, colocar o moletom do casamento e praticar aquele famoso e quentinho sexo ocasional. Nada de passadas de mão quando a companheira estivesse lavando a louça. Beijos dando lugar aos selinhos, mão no bolso dando lugar a mãozinhas dadas. Aquele expediente que todos conhecemos. Em menos de um ano, elas instauraram uma versão precoce das bodas de prata e tinham todos os sintomas de um casal de décadas.

Pergunte se isso era um problema para a mais velha: longe disso, era o sonho da vida. Já a mais nova sentia falta de sexo e, sobretudo, de se sentir desejada pela parceira. Ela, que centrava boa parte de sua autoestima na aparência, estava na casa dos quarenta anos e tudo o que não queria era se sentir ainda mais velha, tudo o que não queria era abrir mão do sexo àquela altura.

Além da diferença de ritmos e expectativas, havia toda a carga emocional que a mais velha atribuía ao sexo. Como tantas vítimas de abuso, ela tinha uma relação conturbada com a sexualidade que a fazia tentar chutar o próprio desejo para debaixo do tapete e ver o sexo, sobretudo com homens, como algo intrinsecamente agressivo e, portanto, distanciado de uma vida amorosa e familiar. Para completar, embora fosse homossexual e tivesse essa ojeriza ao sexo oposto, uma das coisas que mais a excitava era a imagem da penetração masculina vista em filmes e em fotos.

Esse pacote de desencontros resultou em brigas, em terapia de casal e em uma pulada de cerca por parte da mais nova. Essa traição era, antes de tudo, uma vontade de toque e de se sentir olhada, de seduzir e ser seduzida, do que um sintoma de distanciamento afetivo. O que ela queria, de verdade, eram doses maiores de contato físico por parte da esposa. Não tendo isso, o caso veio para complementar.

Por alguns meses, essa relação extraconjugal gerou culpa e arrependimento. Nas sessões individuais, ela falava sobre como se sentia traindo o único relacionamento realmente legal que havia tido na vida. As coisas pioraram quando a mais velha entrou na menopausa e ganhou a desculpa derradeira para transar uma vez no bimestre.

Investigar uma queixa de transtorno de interesse/excitação sexual feminino leva em consideração vários aspectos: níveis hormonais, comorbidades, fase da vida, uso de medicamentos e outras substâncias, como se dá a relação sexual, a prioridade do sexo na vida da pessoa, a relação amorosa, entre outros. Muito embora a mulher mais velha tenha apresentado um decréscimo do interesse sexual nos últimos meses, ela também apresentava um padrão de interesse menor do que sua companheira desde o início da relação e em toda a sua história sexual.

Como resolver uma situação assim? Nem todos os casais compartilham de uma mesma demanda sexual. São poucos os casos, ainda mais em relacionamentos longos, em que as pessoas concordam a respeito da frequência ideal do sexo, dos beijos, dos amassos. O mais normal é que haja uma diferença na frequência padrão de cada um que seja esporadicamente reduzida ou acentuada conforme o relacionamento muda de fase. Quando a diferença é sutil, é relativamente fácil engolir a frustração ou se esforçar um pouco para satisfazer a outra parte. Mas lidar com diferenças maiores pode ser difícil ou mesmo impraticável. Nessas situações, há algumas opções. Partir para outra, mudar o *status* para relacionamento aberto, chegar a um meio-termo no qual cada parte cede um tanto.

O maior problema é quando um dos lados adota a postura de achar que a sua frequência ideal é algum tipo de padrão mundial seguido por todos os casais do mundo e que, deste modo, o outro é que está errado em sua demanda. A mais nova começou um pouco com esse discurso, mas logo entendeu que uma das coisas mais difíceis, ao se relacionar com qualquer pessoa, é que o outro necessariamente vai frustrar nossas expectativas e que lidar com essa frustração é essencial para construir qualquer coisa a dois.

Como chão comum, as duas concordavam que aquele relacionamento era algo precioso que possuíam. Ambas tinham cuidado uma com a outra. Isso não é pouca coisa neste mundão muitas vezes duro e individualista. Elas chegaram a ponderar a ideia de se adequarem ao poliamor, já que a mais nova não se satisfazia, ao menos nesse momento, com a ideia de ter transas apenas casuais, sem intimidade e afeto, só para satisfazer sua tensão sexual. Mas como diz a mais velha, esse tipo de "modernidade" não é para ela não! Ver a sua mulher ter um relacionamento sério com alguém, além dela, seria doído demais, já que o sonho de consumo da mais nova é o namoro, o jogo de sedução, de se sentir desejada pela outra parte.

Depois de muita conversa, a mais velha aceitou tirar um pouco a pantufa da monogamia e se esforçar para continuar seduzindo a esposa. Aceitou lidar com a própria menopausa como "dificultador", e não como um aniquilador do sexo. Não vou dizer para você que esse é ou será um casal de matar de inveja os vizinhos, mas posso te assegurar que entre isso e não passar a mão na sua mulher lavando a louça tem um largo meio-termo no qual estabelecemos uma morada.

AGRADECIMENTOS

Aos protagonistas destas histórias, que confiaram a mim seus sentimentos mais íntimos, a minha imensa gratidão.

Juliana, foi ótimo trabalhar com você!

A toda equipe da Editora Master Books, que sempre me acolhe com carinho e alegria.

E, Manoel, por favor, não se esqueça de me desafiar a cada festa de fim de ano...

CONHEÇA OUTROS LIVROS DA ALTA BOOKS

Negócios - Nacionais - Comunicação - Guias de Viagem - Interesse Geral - Informática - Idiomas

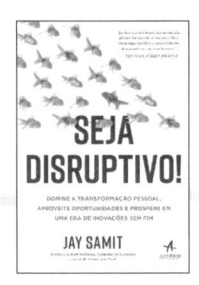

Todas as imagens são meramente ilustrativas.

SEJA AUTOR DA ALTA BOOKS!

Envie a sua proposta para: autoria@altabooks.com.br

Visite também nosso site e nossas redes sociais para conhecer lançamentos e futuras publicações!

www.altabooks.com.br

/altabooks • /altabooks • /alta_books

ALTA BOOKS
GRUPO EDITORIAL

ROTAPLAN
GRÁFICA E EDITORA LTDA
Rua Álvaro Seixas, 165
Engenho Novo - Rio de Janeiro
Tels.: (21) 2201-2089 / 8898
E-mail: rotaplanrio@gmail.com